Jochen Steffen

Nu komms du!

Kuddl Schnööfs
noie achtersinnige Gedankens
un Meinungens

Hoffmann un Campe sien Verlach

Titelzeichnung von Niels Brodersen

1. bis 20. Tausend 1975

Gesetzt aus der Borgis Garamond-Antiqua
Satz Otto Gutfreund & Sohn, Darmstadt
Druck und Bindung Gerhard Stalling AG, Oldenburg
ISBN 3-455-07410-3 · Printed in Germany

Inhalt

6. Polletik

7. Was ihn sonss noch passiät

1. *Privatleben*

Natalje un Rosa

Mein Natalje sizz da rum un sieht aus as ne dote Wassäleiche. Ich sach: »Was issen nu los?« sach ich. Mein Natalje sacht: »Kuddl«, sacht sie, »wir sünd fertich, aus, lakatsch, erledicht. Wir könn pakken un ausziehn. Ich hab mir mit die Peperkornsche innie Wolle gehabb, un frach nich wie!« Nu komms du. Du kenns die Peperkornsche nich, Macker? Mann inne Tünn, da kanns froh übä sein. Dich is ein tödlichen Schreck innie Mohgenstunne erspaht gebliehm. Mein Natalje hat je kein Angs vor nix, du, vor Dod un Deubel nich. Blots vor die Peperkornsche. Kanns dir nu da in reindenken, was das fürn Deubel is?

Natalje sacht: »Ich treff die Peperkornsche auffie Treppe«, sacht sie, »da fäng die an zu lamentiän, du.« Sie sacht: »Nein, nee, nee«, sacht sie, es ischa nich so, daß ich über alles meckern tu un allns runnäreißen muß. So isses scha nich. Habbich frühä, damalige Zeit, bei Adolf un so auch nich gemach. Nein, habbich nich. Liecht mir auch gah nich. Bün schließlich ein von die, die jümmers positiv dagegen sünd. Das sacht mein Mann auch. Ähna, sacht mein Mann ümmä, Ähna, sacht er, wo sollte unsenein bloß ableihm, ohne dein Lehmsmut?« – »Da habbich gesacht«, sacht Natalje, »was anneres sollte den ahm Kääl woll machen, wenner nich düsse Ansich sein täte? Denn könnte ihm je gleich ein Tauenne zun Aufhängen nehm un sich dotschießen.«

»Abers heute, heu-eu-te«, sacht die Peperkornsche, »heute, nein, da ischa das Enne von ab. Nix as Neegatiffität as sochche rundrum. Unnu komm sie auch noch mit die Briefmahke mit düsse Olle auf. Wie heiß ihr noch? Ich komm da doch nich auf. So von Benelux komp das. Richtich! Luxemburch heiß ihr. Un denn noch Rosa, Rosa!

Denken sie ma an, Frau Schnööf. Mit sonn Namen un denn auf unse Briefmahkens. Die schmecken auch nich mehr so as früher. Abers davon ma ab, dascha noch nich so, daß ich was gegen Kommenissen un Schuden ham tu. Nein, nein, nee, nee. Habbich damahlige Zeit auch nich. Da könn sie alle innie Nachbahschaff fragen, Frau Schnööf. Das sünd auch Menschen, habbich jümmers gesacht. Un gleich vergasen, das geht je woll meiss ein büschen weit. Da bün ich auch bei die Füchse gegen. Nee, ümma schön auffen Teppich bleim. Abers, Frau Schnööf, nu denken sie ma an düsse Rosa, wie heiß ihr noch? Richtich, Luxemburch, die wo nu auf unse Briefmahken komp, die soll scha *beides* gewesen sein. Habbich selps innie Bildzeitunk oder so mit eigene Augens gelesen. Es ischa nich so, daß unsenein ein Antisemitissen is oder so, da kanns dir ja nix kaufen für. Abers, nein, nein. Das sacht mein Mann auch.«

»Nu komms du«, sacht mein Natalje, »da habbich gesach, daß sonne Köppe as sie un ihr Mann sie ham, mit viel leeren Plazz in, abers aus unzerstörbares Matehrjahl vonnie Inschenöre für Pollers in Hafen gesuch wern. Un da solln sie beide sich einramm lassen, as ewiches, unzerstörbares Denkmal vonnie menschliche Dösichkeit.«
Nu komms du! Macker, wir wern woll packen un ausziehn müssen.

Vonnie Töchters

Öih, Macker! Du as sochchen hascha woll längs mitgekricht, daß ich mit die Gleichberechtigunk vonnie Frauns keine Probleme ham tu. Indem daß mein Natalje so emanzipiät is. Was ich mit mein Natalje so belehm tu, ischa rein gah nix. Ehrlich, es is ein Klax mittie Wixböss gegen das, was Hein Kohnelissen mit sein Töchters belehm tut. Den Klassenkampf in hähtesse Fohm ischa ein reine Erholung gegen Hein seine Emanzipatschonskämffe.

Hein sacht: »Kuddl«, sacht er, »es ischa bannich schenierlich, abers es muß mich ma vonnie Seele. Was mein Jüngste is, ihr is vierzehn, die wollte doch im Sommer mit uns alle pahtuh an Nackbadeschtrand. Mit uns alle nach Abessinien. Nu komms du!« – »Tschä und?« sach ich. Hein sacht: »Ich sach«, sacht er, »was sachstu nu? In sonnen Fall. Du weischa gahnich, wassu sagen soss. Ich hap denn auffen Tisch gehaun und gebölk: Nee! Weischa, so mit den Unnäton: Bloß über meine Leiche als sochche. Hat frühä jümmers geholfen. Hilf hoite auch nich mehr. Mein Jüngste kuck mir an, as ein Bauän ein Ferd auf'ne Aukschon. Denn sacht ihr: Erssens, sacht ihr, is Bölken kein Aggement, Kuddl, das sacht dir sonn Gör hoite glatt bazz voän Kopp, du. As wennie Zittlichkeit was mit Aggements zu kriegen hat. Un denn sacht ihr: Zweitens, sacht ihr, isses scha kein Wunnä, daß du mit dein dicken Wanns dir nich an Nacktbadeschtrand trauen tust. Kuck uns Muttä an. Die kann. Die hat ne Figuä. Oben die Bruss...
Aufhörn, habbich gebölk, sünd wir hier in ein Eroszenter oder sons sonn Stall für Igeleiens oder sünd wir in 'ne doitsche Famielje?«
Ich sach: »Nu komms du!« Hein Kohnelissen sacht: »Ich denn innie nächste Kneipe«, sacht er, »un hab mir orntlich 'n paa Lütt un Lütt genehmicht.
Unnie Öllste, Kuddl«, sacht Hein, »die hat sich doch ein eigen Wohnunk eingerichtet un sacht zu mich, mich, sie ihr eigen, leib-

haffigen Vater, dassie sich nu ein passenden Froind dazu suchen will. Nu komms du. Ich sach: Wunnu wenichssens Mann gesacht hättes, sach ich. Da sacht sie: Un mit den denn gleich so reinfliegen, sacht sie, as uns Muttä mit dir, wa?«

Macker, dassen Problem. Oder nich? Ich sach: »Wenichssens«, sach ich, »is ihr dennscha zittlicher as du damalige Zeit, denn du wars je ein grossen Kasenowa. Da tröss dir man mit.«
Hein sacht: »Dassen schlechten Tross«, sacht er, »denn die Menschheit is schlech. Abers vielleicht is ihr je doch noch schlauer as ich. Denn sie sacht, wenner nich spurt, fliecht er. Kucke könn wir nich. Wir liegen innie Ehefessel.«
Ich sach: »Was rechs dir denn auf«, sach ich, »wir ham fessgestellt, daß ihr erssens zittlicher un zweitens schlauer is as du. Was wiss denn noch?«
Da bölk Kuddl: »Verdammich«, bölk ihn, »ich komm bei all die Emanzipatschon völlich da mang duäch, was nu einklich schlau un was zittlich is.« Nu komms du!

Vonnie heilichssen Gütä un so

Den Ahmt wa von Anfank an in Mors. Mein Natalje hatte Besuch von sie ihr Nichche Gesine. Das is ein vonnie Emanzipiäten. Da'um nennt ihr sich Gäh. Das is engelsch-amerikansch und klink bannich fohtschrittlich. Das dumme Göhr hezz den gansen Ahmt meine Olle auf. Von wegen die Ketten vonnie Männerherrschaff, die sie apschütteln wolln, solln un müssen. Mein Natalje is davon jümmers so begeissert, daß ich mir an nächssen Mohgen das Frühstück selps machen muß. Un Fähnsehn dahf auch nich an. Das stört ihr bei die geissiche Entwicklunk. Ich hab mir denn beigemach, un ausse lezze Pahteitachsrede vonnen roten Jochen alle Frempwöhters rausgeschriehm, die ich nich verstehn tu. Dascha'n ahmtfüllendes Programm.

Indem die Gesine da rumrötän tut, daß sie die Männers nich nur vebal-radekal, sonnän theoretisch-praktisch annie Wäsche müssen un mein Natalje vor Aufregung ein lauten Schluckauf krichte, da geht das unnä uns los. Ne Männerstimme bölk: »Du Aas.« Denn kam ein weiblichen Trillä. Und denn: »Au, au.« Stühle fielen um. War auch ne Wase mang. Die Olle kwiekte as ein Schwein vors Abstechen. Während den Macker an völlige Fantasielosigkeit leiden tat. Von ihn hörtes du nur »Aas«. Natalje bölk: »Den Jungjehann vermöbelt sein Frau.« Ich sach: »Kuck ers ma ins Fähnsehprogramm.« Aber da war nix mit so was. Da wa was aussie ketholische Welt un was übä Wirtschaff. Un wenn in die Branschen auch nich alles as gesalp gelten tut, was geschmiät is, so gehn die vor alle Loite nich zu Knass. Das Ballän, Tremeliän un Bölken unnä uns ging weitä. Nu wa es klah. Jungjehann machte Trimm-dich-fit un vertrimmte seine Olle. Un beide Weibers gingen auf mir los. »Los, Kuddl, runnä! Eingreifen! Du wirs doch woll nich dulden, daß den Wüsslink sein ahm, schwache Frau ...« Nu komms du.

Ich sach: »Ich wern den Deubel auch«, sach ich, »erssens wiecht die Olle zwei Zentners. Zweitens, wenn annere Haare auffie Zähne

ham, denn hat die – vielleich – noch Zähne unter den Haarpelz.« Mein Natalje un Gesine sünd auf mir los as wilde Tigers. Bei die sünd je auch die Weiber die schlimmsten. Ich sollte ma zeigen, ass wie ich Mitbestimmunk, Menschlichkeit und Gleichberechtigunk erns nehm tu. Abers blots große Knochen in Mund ... un wennas da auf ankomp ... na ja un so. Da hatte ich nix mehr mitzubestimm. Ich wurde bestimmp.
Gott sei Dank balläte unnä uns die Etaschentüä, dassie Dachluken aufflogen. Jungjehann verließ sein trautes Heim. Die Olle tremeliäte noch. Doot war ihr asso nich. »Nu geht ihn innie Kneipe«, sacht Natalje, »den ... den ... Unmenschen, den ... Los, Kuddl, achter ran. Stoß ihn Bescheid, daß wir so was nich dullen tun.« Kuck, auf düsse Tüä fordert deine Olle dir ma auf, dassu inne Kneipe gehn soss.

As ich nach ne gute halbe Stunne wiederkam, hielt ich mich ein Eisbeutel unnä das linke Auge. Es war schon ziemlich dick. Natalje un Gäh krichten Augens as Innustriekatoffeln. Ich sach: »Tschä«, sach ich, »einklich wa gahnix los. Ich hab ihm blots gefracht, ob er die Billers wieder annageln tut, die bei uns vonnie Wand gefalln sünd, als ihm seine Olle vemöbeln tat. Da sacht er, ob miä das was angeht. Da habbich gesacht, meine Billers woll.« – »Un vonnie Mitbestimmunk bei Menschlichkeit un Gleichberechchunk?« sacht Natalje. Ich sach: »Bevor ich zu die Mitbestimmunk bei Menschlichkeit bezüchlich diese Sachens kam«, sach ich, »machte ihm vonnie Selpsbestimmunk Gebrauch und schob mich ein, den nich von schlechten Eltern wa. Den hätte ihm lieber seine Olle auch noch verpassen solln.« – »Schäm dir«, sacht Natalje. Nu komms du.

Das has du nu davon, wennu dir für die heilichssen Gütä einsezzen tust. Vonnie Emanzipatschon bis zu die Mitbestimmunk, un sonn Hafenlöwe macht vonnie Selpsbestimmunk Gebrauch. Nich ma Mitleid kanns äähnten. Bloß ein Veilchen, das auf mein linkes Auge blüht.

Vonnie Schugendpahtie

Was soll ich dir sagen, es klingelt, un wen steht vor die Tür? Gesine, uns Pörrzi sein Muddä. Natalje sacht: »Wie komp soonen Glanz in unse Hütte?« sacht sie. »Was für ein Unfall veschaff uns die Ehre?« Gesine sacht: »Pörrzi will zu sein Aptuä-Feier bei uns zu Hause ne Schugendpahtie gehm«, sacht sie, »Natalje, Kuddl, laß mir nich im Stich!« Natalje sacht: »Wennu uns schon selps beehren tus«, sacht sie, »kann es sich scha auch nich um ne nohmale Kataschtrofe hanneln. Da steck denn gans was anners achtä.« Nu komms du!
Asso, Gesine sacht, daß Sodom un Gomorrha gegen das, was ihr erwahten tut, ein schugendfreies Stück is, wo nich ma den ketholischen Obäzensuä- und Zittenwächcher in Spahnjen was gegen haben kann. »Komp blots«, sacht sie, »un pass ein büschen auf. Uns willer nich sehn. Abers auf oich hört ihm scha.« Natalje sacht: »Wenn ihr«, sacht sie, »dein Olln, den Lackaffen un du, du... na scha, wir sünd vewannt... auf was anneres gehört ham tätet, as auffen Zastä, denn hörte ihm auch auf oich.«
Tschä, asso, Pörrzi wa begeissert. »Erssens ihr selps«, sacht er, »das is schon ne Wuch in Zementsäcke. Un denn noch Ahbeiters as Ehepaa! Das is die Sensatschon für alle Tüpen. Ihr seid die apsolute Spizze vonnie Pahtie.« – »Tschä, Kuddl«, sacht Natalje, »denn ma rein un mittenmang unnä die mohdänen Klassenkämffers, die die Ahbeiterklasse assen Knüppel entdeck ham, mit den sie ihren Vatä verahschen könn.« Nu komms du!
Pörrzi sachte, wir sollten ers ma innie Küche kucken, da solln ein paa Mädchens ein auf griechisches Menü machen. As wiä reinkam, mein Natalje un ich, hatten die grade den Kuchenteich beim Wickel. Einklich muscha sagen, daß den Kuchenteich sie beim Wickel hatte, indem die vieä Mädchens, sie ihre Fingääs, sie ihre langen Haar un Teile von sie ihre Pullovers durch den Kuchenteich zu ein riesiges Kuddelmuddel vebunden wahn. Das wah so, as... wie heiss den Kääl... den Lakeon oder so un seine Schungs, die vor die Fesse

Troja damalige Zeit vonnie Schlange so um rum geringelt werden taten. Kenns doch! Steht in alle Musehums.

Nachdem ich mein Natalje düsse Entwicklung überlassen tat – un ihr bölkte, wassen griechich Kochen fürnen Sinn haben soll, indem dassie selps nich ma mehr plattdeutch kochen kann –, widmete ich mir das annere schugendliche Volk. Die wahn alle schon fix besoffen fürn Anfang. Sie hörten auf sich mittie Mädchens zu umähmeln, assie mir sahen. Sie stannen auf und sangen den ersten Vers vonnie Internatschonale und wollten mit mich das Nähere von Klassenkamff beschnacken. Nu komms du.
Ich sach: »Erkämff ihr euch man ers ma ne zittliche Grundhaltunk«, sach ich, »bevor mein Natalje hieä reinkomp. Hört auf, den Schinn auffie Goldfische zu gießen, nehmp die Schuhe von Schechslonk unnie Fingää aussie Dame. Sons steht oich ein ungemütlichen Ahmt bevor. »Du, Macker, die fannen das richtich gut, du. Die hielten das nich für einfachen Benimm. Die dachchen, das is proletarisch!
Na, Macker, was soll ich sons noch sagen. Das wurde denn richtich gemütlich. As mein Natalje ein paa in Tee hatte, brauchte ihr die Augens nich mehr zuzudrücken, weil ihr sowieso nix mehr sah. Un bis auffe kaputten Gläser, die Löcher vonnie Kippen innen Teppich un vollgekozzte Waschbeckens wa allns nohmal. Natalje hat blots drei Mackers wegen Unzittlichkeit rausgeschmissen.

Mohgens um fünf wahn wir mit Pörrzi alleine. Er sacht: »Asche, Onkel Kuddl«, sacht er, »stinkbürgerliche Vorfeier.« Ich sach: »Was heißt hieä Vorfeier«, sach ich, »ich denk, ihr feiät Aptuä?« – »Nööö«, sacht Pörrzi, »die Feiä is ers in drei Wochen bei uns. Düsses wa ein Manövä.« Nu komms du!
Das soll Natalje die Gesine beibringen. Ich nich. So grausam kann ich nich zu Menschen sein. Auch denn nich, wenn sie sünd as Gesine is.

Von nix zu Weihnachchen

Öih, Macker! Kannscha sagen, wassu wiss, ich glaub da an, daß den Menschen vernünftich ist. Na, sagen wir, nich so ganz. Abers, Macker, ihn kann es sein. Soss blots wollen. Und ich wollte. Mein Natalje auch.

Ich sach: »Mein Beste«, sach ich, »halt ma für ne Minute die Luff an un laß dein Kuddl zu Woht komm. Wir as sochche wern den Konsumterroä ornlich ein vepassen unnie Kaptalissen, die den Weihnachsraubzuch in unse Taschens vorham, die wern wir fix was scheißen. Weiß was? Wir kaufen uns nix zu Weihnachchen. Wozu auch? Ham doch alles. Büx übern Mors, Dach übern Kopp, Fahbfähseher, Fressen, Saufen un Schmöken satt. Was wiss mehr? Bei die Preise.« Mein Natalje wa Feuä un Flamme.

Wir warn so begeissert über uns selps, daß wir gleich zwei Flaschen Rotwein bein Kopp krichten un auslutschten. Französischen. Ihm is billigä.

Und denn ham wir mit alle Stimm, ohne Gegenstimme bei keine Enthaltung beschlossen, daß die Idee unnä das Volk muß, indem ihr so gut is: Kuddl un Natalje ihr direkte Akschon gegen Konsumterroä un kaptalissische Ausbeutunk. Mit uns selps as sie ihre Profetens. Un morgens denn gleich los auffen Aufklärungsfeldzuch. Un überall: Siech auffe ganze Lienje! Alle wollten mitmachen. Nu komms du!

So ne gute Woche vor Weihnachchen kam mich noch ne Ideh. Wenn mein Natalje nu mit gahnix rechen tat, denn ischa sonne ganz lütte Aufmäksamkeit, brauch scha nich viel sein, ein bannige Freude. Un so viel Freude hat sie in ihr Lehm auch nich gehabb, wenn sie auch mit mich as Mann schon innen Glückspott gegriffen hat.

Un ich denn scha los. Ein reinseiden Halstuch wollte ich sie kaufen. Wassie an Sonntach auch um Kopp tragen kann. Sie kricht bei Zuch ümmer so leich Ohrnweh. Na, un wenn schon, denn schon. Ich rein

inne Budikke. Wascha heute keine Kneipe mehr is, sondern ein feinen Laden, den »in« is.
As ich in ihm wa, kam ne Verkäuferin auf mir los. Man inne Tünn! Schick, sach ich. Wenn auch den Stoff fürn Rock nich gelank hatte un den Pullovä 'n paa Nummers zu eng wa. Na, was soll ich viel sagen, das Tuch kossete seckzich Mahk.
Un weil ich schon ma in wa, kaufte ich gleich noch ne lüttje Silberdose mit ne bemalte Emaillje für Natalje ihr Koppwehtablettens. Issas Neuste. Neunzich Mahk. Tscha, nu denn noch ein mohdäne Keramikwahse. Wa das billichsse. Virrzich Mahk. Nu komms du!
As ich mit die Päckchen unnän Ahm nach Hause sokken tu, wen lauf ich in Rachen? Mein Natalje. Komp aussen Spezial-Feifengeschäff. Auch mit ein lüttes Packet. »Naaa?« sach ich. Mein Natalje sacht: »Oooch«, sacht sie, »Kuddl! Asso, weiß du, mich is da noch ne Ideh gekomm ...«

Es wa ne Meerschaumfeife. Billich. Hunnätswansich Mahk. Freude ham wir nu. Wir fragen uns blots, ob wir den Konsumterroä unnie Kaptalissen ... Wat Schiet, ischa Weihnachchen! Sagen wir aber kein weitä.

Vonnie ersse Hilfe

Öih, Macker! Mein Natalje und ich trinken ein Tee zu Ahmt, da geht draußen ein Autohupe. Taatahh-aatahh-aatahh. Innie Melodie die vonnen Badenweiler. Mein Natalje sacht: »Krischan Buä is da.« Ihn is sie ihrn Vettä vons Land. Ich kuck aussas Fenster. Is Krischan Buä sein Mezehdes-Diesel. Ihn hält sein Dassel verkwer aussas Autofenster un bölk: »Allens klah«, bölk ihn, »ollreiht, Piepel an Bord? Keine Gefah in Vezuge?«
As ich noch tackziern tu, ob den noch Blut innen Alkehol hat, klabastät ihn mit ne Schrotflinte aussas Auto un tigert in drei Säzze übern Bürgersteich. Rein in Hausfluä. As ich noch denk, dasser so besoffen auch nich is, denn sons wär ihn scha lang hingeschlagen, geht die Klingel. »Ahbenstunne hat Schiet in Munne!« sacht mein Natalje. Nu komms du.
»Hier ischa woll Ruhe vor den Stuäm«, prahlt Krischan, »die roten Bürgäkriechsahmeen ham die Büx voll!« Un denn raakt ihn mit sein Gewehr die Pottjähre anne Seite un glozz inne dunklen Ecken, as ein Spieß, den bei die Rekruten Staub suchen tut.
»Du hascha woll nich mehr alle auffie Latte, wa?« sacht mein Natalje, »furts stells dein Schrotstengel innie Ecke oder du fliechs achkantich raus. Du büs bei orntliche Loite.« Krischan kuck as ein Ochse, den sie mit den Holzhammer mang die Hörner geballäät ham. »Is hiä denn kein Bürgerkriech?« sacht Krischan.
Natalje sacht: »Nich, daß ich wüßte«, sacht sie, »hiä spielt bloß ein verrück, un das biss du.«
Tschä, un denn kam das raus. Uns Krischan wa bei Kai-Uwe von Kwassel in Tummbyholz auffe Wahlvesammlunk.
»Un denn hatter gesacht«, sacht Krischan, »dassie Revolutschon nich maschiät, nöö, ihr gallepiät. Mit die Schungsozelissen un all die radekalen Kräffe annie obersse Schpizze. In Kiel ham sie schon die Mach übänomm. Jungedi, in die Vesammlunk wa Musik in. Das wa as frühä«, sacht Krischan, »as wir noch gegen Schuden un Freimau-

rer sein durften, wascha hoite nich mehr geht, indem das Ausland jümmers so auf uns kucken tut.« Nu komms du.
Un Krischan sacht, dasser da'um ma nach uns kucken wollte. »Denn wenn ihr selps auch Rote seit«, sacht er, »ihr bleibt Blut von mein Blut. Un in Not un Gefah mussie Zippe zusammhalten, assie Wurs aus Band.«
»Schade«, sacht mein Natalje, »dassu nich auch n'büschen was von unsre Grüzze abgekricht has. Abers das mit die Verähbung is un bleip tsche woll ein Lotteriespiel. Da helfen keine Pillen. Selps Aspirin versahcht.«

Um uns Krischan zu beruhigen, sünd wir denn bei mein Konjack gegangen. Annie Leerichkeit vonnie Buddel konns bald an sehn, as wie unruhich Krischan gewesen war.
Mein Natalje sacht: »Wenn ich da an denken tu«, sacht sie, »was wir noch an Vewannte aufs Land ham, un daß den Macker Kai-Uwe noch vier Wochen reden tut, denn sollten wieä uns ma ne ganze Kisse Konjack bestelln, un den von Kwassel schicken wir die Rechnunk. Kann ihn vonnie Steuä absezzen, als ersse Hilfe für alle, die an ihm glauben.« Nu komms du.

Vonnie Ein- un Heimkehä

Mein Natalje sacht: »Kuddl«, sacht sie, »Weihnachchen is das Fess vonnie innere Einkehä, vonnen Frieden as sochchen un vonnie Familje.« Nu komms du! Das hat je ein Baht, den is kilemeterlang. Abers wenn mein Natalje so was vor das Fess sagen tut, denn steck da gans was anners achter. Was bei sie da achterstecken tut, da komms denn sölps bald achter. Du brauchs da bloß auf eingehn. Denn merks das. Un ich Tüffel achtein geh da auf ein. Die Kataschtrofe folchte auffen Fuß.

Ich sach: »Zu die innere Einkehä«, sach ich, »ham uns die Arabers statt sie ihre Kamele getriehm. Schustä, bleip bei deine Leissen. Un füä den Frieden sorcht Kissintschä. Nach die Südwiehtnamesen verschieb ihm nu den nächsen Verbünneten, die Schuden in Israel. Was uns nu noch fehlen tut, is die Famielje, indem daß wir ein kinnerloses Ehepaa sünd.«

»Du bis gannich wenich tumpich«, sacht Natalje, »da'um wern wir Weihnachchen bei Gesine feiän, die hat ne große Famielje.«

Das war die ersse Bescheerunk. Un was für ein. Gesine hat schon fünfzehn Enkels un drei Uäenkels. Die komm Weihnachchen alle bei sie zu Haus auffen Dutt. Sie un ihr Kalli ham ein Haus in Thumbüholz. Da ischa Plazz in. Denk ich. Abers ich denk un Kalli sein Nachkommenschaff lenk.

An heilichen Ahmt sünd Kalli un ich innas Dohf rumgewezz un ham ersma die lieben Kleinen aussie Kuh-, Ferde- un Schweinestallen zusammengesammelt. Sie sahn da nach aus, un riechen taten sie auch so. Ihre Mütters ham gesungen, so as den hümmlichen Koä. Bloß von Friede auf Ääden un von menschliches Wohlgefalln wa nix zu merken von. Das wa all ein Hühn un Pedühn, ein Gebölk un ein Gegröhl. Da wa das Enne von wech.

Das wa die zweite Bescheerunk. Un denn kam die dritte. Die liehm

Kleinen krichten sie ihre Geschenke. Mann Gottes, du glaubs scha nich, wassie Innuschtrie hoite so allns einfallen tut. Un da ischa wohl nix bei, was kein Krach machen tut. Un alle Enkels un Uäenkels von Kalli un Gesine, die schünger sünd ass vierrsehn, die wolln je woll Schlagersängers wern. Wenichssens krichten sie alle Gitarrn, Schlachzeuch un Recordäs. Das wa ein schön Tass Tee. So was von Krach has noch nich erlep. Bloss Gesine griente seelich. Ihr is nämlich schon bannich schwerhörich.

Mein Natalje schoß schedesmal auffen Dutt, wenn Schoni sein Schlachzeuchsolo probiän tat. Ihr dachte jümmers, daß den Küchenschrank mit alles Geschirr in umgefalln is. »Es is blots die stille Nach«, sach ich zu Natalje, »die da ehm zusammengestürz is.« Mein Natalje hat mir angefunkelt. Sons nix.

As denn an erssen Feiertach uns Gussav den Erssen in Fähnsehn rumdröhnen tat, dassas mit uns Lehm anners wern muß un so, da sacht Natalje: »Rech hat er«, sacht sie, »das muß anners wern. Kuddl, pack die Koffers, wir fahn nach Haus. Schiet annie Famielje. Wir feiän nu privat. Einkehä komp nur bei Heimkehä.« Nu komms du.

Vonnas Bleigießen

Oih, Macker, weissu was? Ich glaup nu bald an die überschtaatlichen Mächte. So as damalige Zeit, as die Schuden, die Freimaurers un die Mackers auf das Dach der Welt an allens Schuld an hatten.

Das predichten den Ludendorff un den Hitler. Indem daß die Menschen nich glauben konnten, dassie selps so dösich un an alles selps an schuld warn, denn glaupten sie lieber annie überschtaatlichen Mächte. Ischa auch bequem. Brauchs nich beikomm un einsehn, dassu selps ein Tüffel achteihn bis. Un is praktisch. Hängs annere auf un brauchs dir nich selps aufhängen.

Ich as sochchen glaup aus annere Grüde annie überschtaatlichen Mächte. Un das wegen das Bleigießen. Weischa, zu Süllvester. Mein Natalje sacht: »Kuddl«, sacht sie, »mach das so, dassa kein Polletik bei rauskomm tut. Ihr mit euern besoffenen Kopp kriecht euch denn gleich in die Wolle. Un die Stimmunk is hin.«

Mein Natalje ihren Wunsch is mich Befehl. Un ich denn ja bei un üben das Bleigießen für Süllvester. Damit da bloß kein Polletik bei rauskommt.

Un ich üb, un ich üb. Abers du machs das glauben oder nich, da kam jümmers Polletik bei raus. Un denn, Macker, meiss auch noch dasselbe. Tscha, nu komms du. Das hat doch was auf sich, nich? Da könn blots die überschtaatlichen Mächte ihre Vorderfüße mang gehab ham.

Wassa bei rausgekomm is? Den Menschen soll ja nich annen Schlaf der Welt rührn. Da komp nix Gutes bei raus. Aber auf deine Veantwortung, wennu wissen wiss.

Also denn. Bezüchlich die Zukunf. Aus ein Sack voll Geld, da kam den Helmut Schmidt als Fiehnanzminisser ümmer mit ein Doppelkopp raus. Auffe eine Seite Schmidt, auffe annere Seite Schiller. Den vergangenen Superstar vonnie SPD. Den einzigen Unterschied war blots ehm die Schnauze. Das war ein Schreck innie Mohgenstunne.

Denn wenn die beiden Doppelkopp spieln, Macker, denn spieln wir Schafskopp.

Tschä, un aussie Taube wurde ümmer wieder ein Panzer. Aus Hammer un Sichel ümmer wieder ein Wasserklosett. Mein Natalje meinte, das is ein Fohtschritt, denn gehn die nich mehr übern Balken. Aber ich glaup:... ischa auch egal. Un denn, das Dollste vonnas Dolle: aus das Glücksschwein kam ümmers ein amerikanschen Superbomber mit den Kopp von Nickzen raus. Un wennu das noch mal gegossen hast, Mann inne Tünn un Kollege, denn wa das bloß noch ein Schwein. Ohne Kleeblatt in Maul. Also ohne Glück.
Da hat bei das drütte- oder viertemal mein Natalje gesach: »Nu is abers Feierabend«, sacht sie, »mit das Bleigießen. Auch Süllvester will ich da nix von wissen. Süllvester wolln wir feiän. Die Wahrheit komp früh genuch annen Tach.«
Nu komms du. Abers recht hat ihr. Wir wern sehn un belehm.

2. Kultuä un Büllunk

Vonnen Klauensus

Mein Natalje sacht: »Mensch, Kuddl«, sacht sie, »was issen das nu wieder für Hühn un Pedühn mit den Nu-me-rus clausus? Hat das was mit Klau-en zu tun? Den Rekter vonnie Pehdagosche Hochschule, den roten Braun, ischa von sein Amp wegen den Klau-sus – was steht hier? – achschewoll, zurückgetreten is ihn. Wen klaut hier nu wen was?«

Was sachs auf so was as ein gebilleten Aabeiter? Du sachs ers ma nix und kucks innas Leckzikon. Un denn verklickers das dein Natalje. Ich sach: »Das hat nix mit Klauen zu kriegen«, sach ich, »das heiß: geschlossene Zahl. Auffie Pehdagosche Hochschule dürfen nich mehr Studentens rauf, assa sünd. Die Bude is dich.«

»So«, sacht mein Natalje, »dascha intressant. Brauchen wir denn nich mehr Lehrers as nu?« – »Tschewoll«, sach ich. »Abers«, sacht Natalje, »mit den Klauensus könn das doch nich mehr wern?« – »Nee«, sach ich, »das wern das nich. Ins Gegentum.« – »Nu komms du«, sacht mein Natalje.

Mein Natalje sacht: »Ers machen sie ein großen Rabazz«, sacht sie, »dassa mehr Aabeiterkinner das Aptuä machen solln. Die Zehdehu wa scha gleich dagegen. Unnu? Unnu ham sie das Aptuä un wolln auffie Unitäten un so, un denn, denn machen sie die Buden dich. Sach ma, sind die noch zu retten? Ers rauf auffie hooge Schule un denn die Unität dich. Mehr Lehrers brauchen wir, un weniger wern das? Sach ma, Kuddl, wie komp bloß so was? Da ischa vorn un achtern kein Sinn in 'reinzukriegen!«

»Doch«, sach ich, »du hascha selps gesach, dassie Zehdehu ers dagegen wa. Die Büllungspolletik mit den Numerus clausus as dickes Enne«, sach ich, »is ihren Endsiech mit annere Mittels. Nu komms du!«

Natalje sach: »Da soll doch nu gleich düssen un dschenen reinhaun«, sacht sie, »dascha'n Stück aussas Dollhaus.« Ich sach: »Das Reinhaun«, sach ich, »das ham wir schon erledicht. Die Pollezei hat die

Studentens schon genuch vermöbelt.« – »So is richtich«, sacht mein Natalje, »ümmer auffe Falschen zuers. Für soviel Dußlichkeit brauchs kein Studjum für.«
»Doch«, sach ich, »den Kultusminister is einen Studierten.« – »Denn, lieber Gott«, sacht mein Natalje, »laß mir dämlich bleiben.«
»Un wen betrifft das nu«, sacht mein Natalje, »mit den Klauensus?«
Ich sach: »Dascha klah«, sach ich, »ehm die Aabeiterkinnä mit das Aptuä un so.« Natalje sacht: »Kuddl«, sacht sie, »schmeiß dein Leckzikon wech. Das hat doch was mit Klauen zu kriegen. Sie klauen die schungen Leute ihre Ausbüllungsschangsen.«
Nu komms du.

Mein Natalje grübelt da nu übä nach, as wie sie den Kultusminisser annie Wäsche kann, ohne dassie Ääger mit die Pollezei krich. Bis nu will sie ihm verachchen. Glaubs du, dassas ihn weh tut?

Vonnen üdologischen Fußball

Asso, Macker, as ich un mein Natalje das Trümmäfeld von uns Stube aufräum taten, da wa je nich das Äägähliche da an, dassa ein paa Gläsers un Bieäbuddels in Dutt gegangen wahn un dassa zwei Stühle in Mors wahn, da komp unsenein je noch über wech, selps wennen Kaptalismus mittenmang vonne Krise sizzen tut un ich as Aabeiterklasse in sie ihr Zentrum in, nee, Macker, das Äägerliche as sochches is scha, daß auch den Fähnsehn innie Grabbel gegangen wa. Un das wa nu das Ägebnis vonnie völkerverbinnende Wirkung vonnen Spoht, indem dassie Bunnesrepublik vonnie sogenannten annän Doitschen, die das einklich gaanich gehm tut, indem dassie unehelich oder illegütüm, as den Gebülleten sacht, ecksüschstiän tun, innen Fußball mit Einznull ein auffen Sack gehusset gekricht hatte. Nu komms du.

Mittie Zeit wird alles heil, blots den Fähnsehn hat sein Teil. Un ich un mein Natalje saßen mittie Trümmers unnie Völkävebinnung damit zu. Es wa ja einklich gannix los, blots drei Kollegen wahn mitgekomm, weil sie vonnie Schwahzahbeit in ein Neubau sons nich gau genuch nach Haus kommen taten, zu das Spiel vonnie Spiele, den Kamf vonnie Kämfe, den Kriech vonnie Kriege. Tschä, schwahz ahbeiten muß unseein je woll, wie wiß dir sons Hanschen Apel sein Zugriff auffas Pottmaneh vonnas ahbeitende Volk entziehn? Unnas Schpiel gegen die De-De-Err wischa auch gesehn ham, selps wennie Bild das auffas Pepieä schon gewonn hatte. So vewammsen wiä die De-De-Err! Oder so ähnlich.
Übrigens, vewammsen. Dascha einklich kein Schpiel mehr mit das Fußball. Ischa mehr 'ne Mischung aus Rasenschach, Billjard mittie Kwanten un vorsezzliche Köhpävelezzung. Is so ähnlich as damalige Zeit, vorn lezzen Kriech, wenn Borussja Gahden gegen Holstein spieln tat. Das warn Klassenkämfe mit annere Mittels. Da wa bei Borussja Heini Stahk bei, du, wenn den den Ball so mit links annehm

tat, und denn... abers ischa auch egal.
Asso, es wa gahnix los. Wir saßen da, plieäten auffie Scheibe un soffen fix Bieä, indem dasses billiger wa as innie Kneipe, un machten »ah« und »ouuh« un »Fuii« un bölkten »Flasche«, »Kneifzange«, »Mors«, »Faul«, un »Schiedsrichter Telefon«. Es ischa nix so gemütlich as ein Fußballschpiel, indem dassu da deine Götters beschimffen kanns. Innie Kirche darfst du das nich, un bei deine Natalje traus dir nich.
Un denn kam das Verhänknis as sochches, indem das alles sich schon auffas schtaatspollitisch un diplomatisch vollwertige Nullnull einstelln tat, as den Spahwassä das Einznull den Strauß sein Macker, den Maier, innie Maschen zirkeln tat. Mann Chottes, wa das ein Stachoi, un ein Aggewahs. Du glaubs da nich an. Un as Fiete Klausen, den ein Kommenissen is un einklich mehr von Mao as von Schtoof un Honnecker halten tut, alle üdologischen Barrjehren bei das Einznull mit ein Salto überwinnete un sachte, dassas ehm an das gesellschaffliche Süschtem liegen tut, da wurde in unse Bude den heilichen Kriech ausgetragn. Und, wie ümmer, auf Kossen un Lassen des kleinen Mannes.

Nu habbich mich für teures Geld ein Fabfähnseher gepump. Ich un mein Natalje wollten Jugoslawien–Doitschland nich vepassen. Abers ohne Gässe. Da is uns den Kassen zu teuä für. Es ennete, assu wohl weiß, Zweinull für uns! Den Tito hat ne runne Milljarde vonnen Schmidt gekriecht. Dafür kanns auch ma veliän. Hat Fiete Klausen nu rech oder nich? Abers die Jugoschlafen sünd Abweichler. Un üdologisch nich stubenrein. Nu komms du.

Vonnas Ekel

Auffe Aahbeit un so, da schnacken si scha von nix anners assas Ekel. Vonnen Alfred oder assie den Macker benennen tun. Mein Natalje sizz schedesmal fors Pantoffelkino. Sie kann die Sennung abschalten. Abers ihr will das patuh nich. Un denn äägert ihr sich grün un blau. Ihr flucht als ein Schauermann, den drei Schichten un mehr geahbeitet hat, unnu zu hören kricht, daß sein Lohn wegen all seine Apzahlunkskaufereien gefännet is.

Ich sizz da zu lachen, un ihr wird jümmers fünscher. Neulich flucht sie mir nun an un sacht: »Ich weiß gannich, wa es da zu lachen bei geben tut«, sacht sie. Nu komms du. Ich sach: »Glaubs du vielleich«, sach ich, »ich sezz mir dahin, zu Kino, um mich zu beäägern? Da denk ich gannich an. Ich sezz mich dahin, um mir zu vegnügen. Äägern kann ich mich genug auffe Ahbeit un über alles un so. Da brauch ich den Fähnsehn nich zu. Wo den Menschen über weinen kann, da kann ihm sich auch über amüsiän. Ich hab mir entschlossen, daß ich mir amüsiää. Wie sacht unsen wieder in Mode gekommnen Führer damalige Zeit unter annern ganz richtich? Ab heute mohgen wird zurückgelacht. Oder so ähnlich.«

»Geschossen hat er gesacht«, bölk mein Natalje, »un das is ja woll ein büschen was anners, du Dööskopp!« Ich sach: »Bezüchlich düsse Stücke vonnas Ekel«, sach ich, »bün ich mir da über nich so in klaren in.«

Nöö, Macker, nu ma alles was Ernst is, mein Natalje un ich wir ham da lange über geschnackt, wa'um daß wir un die annern den Schiet jümmers einschalten. Die Sennunk soll je ein Rekord ham. Natalje sacht: »Dascha wie aussas Lehm«, sacht sie, »bloß ein büschen übätriehm. Benehm asn Hauptfeldwebel alter Aht un denn noch so dämlich kwatschen, assie Bidzeitunk schreiben tut. Dascha mehr as ein Mensch auffen mal vetragen tut. Wenn sonn Kassen nich so teuä sein täte, as es ihm nu ma is, asso Kuddl, ich könnte ein Vorschlachhammer nehm un ihm auffen Kassen haun.« Ich sach: »Das muß du nich so erns nehm«, sach ich. »Ich nehm das abers so erns«, bölk mein Natalje, »über so viel Dußlichkeit muß ich mir abers äägern. Unnie Dussels, die sich da so auffe Mattscheibe benehm tun, die nehm das auch erns un sich für voll.«

Du, Macker, mein Natalje meint, dassas die reine faschissische Propaganda is, die da ablaufen tut. Ich sach: »Natalje«, sach ich, »so dösich kann doch kein ein sein, dasser nich merken tut, dasser über sein eigene Dähmlichkeit lachen tut. Dasser mit sein Geld auch den Kakau bezahlt, durch dem den Springer ihm zieht. Nee, Natalje, nein, nein, nein. So dösich kann keinen sein.« Natalje sacht: »Kuddl«, sacht sie, »wennes nich düsse Dösichkeit gehm täte, denn hätte es nie ein Feschismus gegehm. Hat es den gegehm? Tschewoll. Gibb es ihm! Da'um ääger ich mir so!«

Macker, nu komms du! Wir solln sche woll ma da über nachdenken, ob wir uns bei das Ekel äägern müssen. Frach sich blos, über wen? Über uns selps?

Vonnie Neuschahrssennunk

Indem dassie Fähnsehsennunk zus alte Schahr noch beschissener wa, assas Fähnsehn innas ganze Schahr schon is, muscha den Konsementen zun Eigenbau übergehn. Fazzkes bemöten unseein Tach ein, Tach aus. Da brauch ich nich noch den Nannen vonnen Stään zu. Den seine Nackedeis von achtern sünd mich liebä as ihm selps von vohne.
An sonne Aat Sennunk kanns an sehn, dassas alles Kwatsch is un feiän Neuschahr. Kriss du villeich beim Dauerschkat deswegen ne annere Kahte un ein besseres Blatt, weil zwölf Runnen um sünd? Nee, is nich an dem. Abers alle 365 Tage oder so ähnlich tun wir so, as wenn nu alles anners wern könnte.
Mein Natalje sacht, dassas ganze Hühn un Pedühn ne Erfinnunk vonnie Schnapsbransche ins allgemeine, un von den Uropa von Söhnlein sein Söhnlein ins besonnere is. Abers selps den Peter von Zahn bring ihr nich da von ab, ihm an Neuschahr zu saufen. Nu komms du!

Aber zunächs zurück zu die neuschährliche Mattscheibe as sochche. Wovon soll die Gesellichkeit innie Famielje rauchen, wenn den Programm in Fähnsehn nich zu brauchen? Mit dein Olle kanns dir je nich mehr unnerhalten. Bischa tetal aussie Übung da in aus raus. Was machs denn? Zu Bett wiss auch nich. Wischa sehn, was dein Nachbahn für Feuähwerk ausgehm hat, mit du was zun aufregen has. »Den hätte man lieber sein Sohn das Geld zum Haarschneiden gehm solln.« Un so.
Wir machten in düssen Fall unse Fähnsehsendunk selps. Nach uns Willy sein längs beklachtes Motto: Wir wolln mehr Demekratie wagen! ließ ich mein Natalje zu Woht komm. Ich sach: »Frau Schnööf«, sach ich, »was wünschen Sie sich für das Neue Schahr?«
Mein Natalje sacht: »Ich wünsche mich«, sacht sie, »daß ins neue

Schahr endlich den uäalten Menschheitstraum erfüllt wird un nu ma...« – »Wa'um gleich pollitisch, mein Besse?« sach ich. »Denken Sie doch da'an, dassie hieä Volk as sochches spieln un sich so dösich benehm as wie die Bild-Zeitunk das voraussezzen tut.«

»Fah einen doch nich jümmers übän Mund«, sacht Natalje, »du Tüffel achtein, pollitisch wünsch ich mich je grade, dassie uns innie Zeitunk nich für so dämlich halten, assie selps sünd. Abers soll hieä nu ma mehr Demekratie gewacht wern, un ich möchte sagen, was ich will oder spiels du Oberbürgermeisser un büs mucksch, wenna nich bei rauskomp, wassu hörn wiss?« Nu komms du.

Ich sach: »Bitte, Verzeihunk, meine Dame«, sach ich, »es wa einen ohdnungkspollitischen Rückfall von meine Seite. Sabbel man ruhich weiter was wiss du.« Natalje sacht: »Innas neue Schahr«, sacht sie, »wünsche ich mich die Ehfüllunk vonnen uäalten Menschheitstraum, daß den nichttropfenden Wasserhahn erfunnen wird, damit das ewiche Geklicker aufhörn tut!« Nu komms du.

Vonnie Unitätsfront

Öih, Macker, schon wieder mal was Noies annie Unitätsfront. Wenn ich die Bildzeitunk sein täte, wascha nich geht, indem einen allein nich so dämlich sein kann, hätte ich die Schlachzeile: Briefträger biss Hund! In düssen Fall mussas heißen, weil es die lezze Stacheldrahtmellunk vonnie Unitätsfront is: Rektoä schluch Studenten! Mein Natalje sacht: »Sühs woll, Schütt«, sacht sie, »die ausgleichende Gerechtigkeit sezz sich in Bewegunk.« Nu komms du.
Da hat sie scha rech in. Es ischa nich einzusehn, wa'um blots immer die Studentens die Professers ein an Lazz haun solln, damit die ma begreifen, was gesellschaffspolitisch anliegen tut. Un die das doch nich tun. Da brauchs nämlich Achterkopp un Denkvemögen zu, wennes klappen soll. Es kannscha auch ma anners rum komm mit die Hauerei. Fiete Piepenbrink glaup scha deshalp fess da an, daß wir den drütten Weltkriech gewinnen tun. »Nach zwei so hoffnunksvolle Anläufe«, sacht Fiete, »müßte es scha einklich beis drittemal nu schlumpen.« Ich konnte mich mit ihn nich da über unnerhalten. Mein Natalje hatte ihn schon rausgeschmissen.
Dafüä klönte ich denn mit Hein Peters. Ihn is as Schtaatsbediensseten annie Unität un zeicht die Loite in den Irrgarten ümmer den falschen Wech. Hein is bessens infohmiät über die Unität as sochche. Hein sacht: »Das wa so«, sacht Hein, »asso annan Tach voher, da hatte den Rektoä all die Maoissen un Kaotens verklickert, daß den Rechsschtaat da aufhörn tut, wo die Gewalt anfänk. Da will ihn aussen Fahstuhl, un so Stücker fünfsich woll ihm nich durchlassen. Sie wolln mit ihn diskutiän. Wo ihn abers nich die Müzze nach is, indem ihn ein Tämin hatte. Als sie denn ümmer noch diskutiän wollten, da setze ihn den Rechtsstaat ausser Kraff, zack-zack, zwei annen Lazz un denn'ne Grade, ne rechte Grade achter an, die vohbeigehn tat. Un uns Rektoä, den höchsens virrsich Zentimeter annas Gardemaß fehlen tun tut, segelte achter seine Fauss hinterher. Bevor den Ringrichcher bis drei gezählt hatte, stand ihn wieder auffie Beine

un latschte zu sein Tämin.« – »Nu komms du«, sacht Natalje. »Tschä und?« sach ich. »Da is nix zu Tschä-unnen«, sacht Hein, »nu herrsch Ruhe annie Unitätsfront, die Lehrbedingungen sünd weitä beschissen. Da kanns abers an sehn, daß sich allns viel leichtä regeln läß, wennu ma die Tüä vonnie feinen Loite vergessen tust un richtich volkstümlich wirs. So as den lütten Rektoä. Denn brauchen sie sich auch nich aufregen, wennie Studentens ma volkstümlich wern.« »Das isses je man«, sach ich, »ham wir as Doitsche innie Wissenschaff as sochche noch einen Ruf zu verliern, oder is das Themata mit Braun as Kultusminister erledicht? Un dafüa den Rechsschtaat voll in Kraff?« – »Ich as sochchen«, sacht Hein, »muscha sagen, daß die Frage, ob un in wieweit die Bockskulltuä mit rechte Fehlgerade den Rechtsschtaat in einen Linksschtaat verwanneln tut, ersma geklärt wern muß.« An düsse Antwoht kanns belehm, as wie die Unität das Volk billen tut. Das sachte den Pottjeh!
»Nöö«, sacht Natalje, »nich nötich. Ischa klah, rechte Fehlgerade erzeucht Bauchlannunk. Prackzis hattes bewiesen.«

Nu komms du. Abers wo sollten wir hinkomm, wenn Unität was mit Prackzis zu kriegen hat? Da geht es um Geiss. Un so.

Vonnie Studentenrevolutschon

Öih, Macker! Hassu ma versucht, ein Kleintranspoht für Möbels zu ogganisiän? Nich? Abers ich. Du, ich kann blots sagen, mich un mein Natalje is da einiges bei klah geworn, wassa so los is. As die Studentens sagen, die je ummie Ahbeiterseele ringen tun: Dinge von gesellschafflichen Regelverfranz werden für dir transportabel. Oder so ähnlich. Ich weiß auch nich genau, wassas bedeutet, sünd abers dolle Wöhters. Wenn du das Bewussein vonnie Massens veännern wiss, denn muß du dir woll möchlichs unveständlich auskwetschen. Das schaff denn die nötige Klaheit.

Tschä, asso, Tante Mine ischa nu doot gebliem un sie ihre Nichche Gesine in Unaffen hat'n paa Möbels von sie geähbt. Die wahn bei uns in Kellä un sollten nach Unaffen. Dascha man ein Klacks. Gut hunnät Kilometers. Denk ich. Aber glaubs du, da is vielleich ein Kleintranspohtä zu kriegen? Un Preise ham die, da kanns gleich Feuäholz aussie Klamotten machen. Abers: Verzweiflunk breitet sich nich aus, hols du dir das Studentenwähk ins Haus. Das sünd die, die heute schon auf ungelähnte Ahbeiters tränieän un dafür studiän.

Ich ruf asso an bei das Studentenwähk. Nach den drütten oder vierten Vesuch kriech ich schon ein vonnie Mackers annie Strippe. Ihn wa fuchbah nett un sacht, dassie das bannich hilt ham. Sie müssen alle Nääsdrüppel lang Goh-un-inntietschen von wegen Streik un so, indem sie das Bannä vonnen Klassenkamff annie Unität entfalten wolln. Nu komms du! Ich sach, daß ich nix entfaltet, sonnän blots Möbels gepack un transpohtiät ham wollte. Klah, ollreiht! Übermorgen neun Uhr. Kleintranspohtä mit zwei Packers bei.

An besachtem Tach as sochchen komp gegen elf Uäh sonn Jichtlink mit seine Freundin an un fracht, wo das Klawiä steht. Wahn bannich nett, die beiden. Ich frach, ob sie die Möbels auffen Ass nach Unaffen schleppen wolln. Sünd hunnät Kilometers. Das wollten sie nicht. Sie ham sich enschullicht, weil sie das so hilt ham, indem sie das Bannä vonnen Klassenkamff... un so. Weischa Bescheid. Düsma hatte ich den Macker vonnas Studentenwähk beim drütten Vesuch annie Strippe. Hat sich fuchbah enschullich, abers sie ham das bannich hilt, indem das Banner...

Nu geht das mohgen gleich los. Muß abers früh sein, achch Uhr, indem sie den Kleintranspohtä mittachs um eins für ne große Kammfaktschon mit offensifen Karaktä brauchen. Ollreiht, achch Uäh, Transpohtä, zwei Packers bei.

Den Fahrer mitten Kleintranspohtä kam schon kurz nach zehn. Ohne Packers bei. Hat sich enschullich, indem sie das so bannich hilt ham indem sie das Bannä... un so weitä, un so weitä.

Ich hab denn mit meine vonnie kaptalissiche Profitgiäh ausgelauchten Knochen die Möbels mitgeschlepp. Indem die annern Studenten mit das Bannäentfalten zu kriegen hatten. Mein Natalje hatte den Kollegen 'n paa orntliche Stück Brot gemach. As ihn reinhaute, sach ich, daß mich Studenten, die streiken, vorkomm as wie Rentners, die den Schtaat strafen wolln un da'um sie ihre Rente nich abholn. Er sachte, dassa innen Schpätkaptalismus noch gans was anners achter stecken tut. Die Großinduschtrie hat auffie Unität schon die Vorderfüße mang. Un da wolln sie auf los. Ich sach, dascha woll richtich. Abers wenn ich mich as Studenten an meine Füße säge, treffe ich je nich unbedink die Vorderfüße vonnie Großinduschtrie.

Das gab ne lange Diskuschon. As den Macker nach Unaffen abbrausen tat, wa das bald ein Uäh. Da sollte ihn einklich schon bei die Akschon mit den offensifen Karaktä sein. Denn wa ihn noch nich ma bei Gesine. Nu komms du!

Mackers, wenn wiä ma ne Revolutschon brauchen sollten, mit die komp se nich. Da muss du denn, wie bei die Möbels, schon selbst mit bei.

3. *Wirtschaft*

Vonnen Friderichs

Mein Natalje hat vor nix Angst. Blots vor Kriech. Natalje sacht: »Kein Schiet«, sacht sie, »is so groß, dasser duch Kriech nich noch größer wern tut.« Mein Natalje will eine europäische Akschon stahten gegen den Kriechsminisser vonnie Juhesa, den Schlesinger. Indem dasser gesacht hat, dassie beim Kriech bei müssen wennas so weitergeht mit das Öl asses nich soll. »Den hat je woll ein Klappä«, sacht sie, »den Macker muß abtreten. Und wenner nich abtritt, denn musser abgeführt wern. Da sorch ich für.« Ich sach: »Wo wiss du den denn mit abführn?« sach ich. Natalje sacht: »Mit Öl.« Ich sach: »Wen hat hier nun einen Klappä«, sach ich, »den Schlesinger oder du? Mit Öl wiss ihn abfüän? Mit was für Öl?« Natalje sacht: »Rizinuss!« Nu komms du.

Da habbich nix gesacht, Macker. Denn wennu den mit Rizinuss abführn wiss, denn muß ihn in dein Magen ham. Den Macker liecht abers mein Natalje auffen Magen. Und das is gans was anners. Denn Rizinuss is was für zu einnehm un nich für zu einreiben. Abers soss dir da über mit deine Olle innie Wolle kriegen? Lohnt je nich. Un denn isses je auch noch so, daß den Macker auch unsen Kriechsminisser is. Abers wir wähln ihm nich und stelln ihm auch nich ein. Was das uns kosset, da über lohnt sich das un kriegen sich innie Wolle. Ich wahne Neugierige. Denn da kanns ein Leberschaden bei kriegen.
Natalje sacht: »Un denn«, sacht sie, »isses mit die Krise je auch vohbei. Höret die frohe Botschaff, die aussen bairischen Wald kommen tut. Sonntach kanns mit dein Benzintuckä wieder die Luff vestänkern. Den Benzin is zwansich Fennich teurä. Damit sünd die Bezuchscheine teurä un knappä. Kuddl, nu muss du mit deine Gewerkschaff ran.« Ich sach: »Wo soll ich ran?« Natalje sacht: »Kuck mir nich an, as ein Kuh, wenn es donnert«, sacht sie, »da frachs du noch? Wo du an ran soss? Du weischa woll nich, wo einen Haus-

haltunksvorstand innie gleichberechtichte Familje für da is. Du soss ran annen Zastä, annie Pieselotten. Ran annas Moos, Bezuchscheine für Benzin anschaffen. Oder soll ich vielleicht as verheiratete Frau anschaffen? Nee, wozu büs du da? Wozu has du ne Gewerkschaff?«
Nu komms du.
Ich sach: »Da muß unsenein«, sach ich, »mit Augenmaß an rangehn. Dascha nich so un komm bloss bei un haun rein. Un denn ischa auch noch den Friderichs da. Den Minisser. Den will die Löhne fess un allns annere frei.« Natalje sacht: »Bezahlt den Knallkopp Miete, Heizunk un allns oder ich?« sacht sie. »Ich bezahl das. Kriech ich von den da das Geld zu? Nee. Von den kriech ich die Freiheit vonnie steigenden Preise. Von dich un deine Gewerkschaff will ich nu die steigenden Löhne sehn, mein Liebä!«
Ich sach: »Abers den Friderichs«, sach ich, »unnie Regierunk ...« – »Allns Kwatsch«, sacht Natalje, »liechs du mittie Effdehpeh oder mit mir ins Bett? Na, also. Und was weiß ich noch aus meine Kindheit: Den Friederich, den Friederich, das is ein ahgen Liederlich. Un du as verheirateten Mann soss kein liederlichen Umgang ham. Da sezz dir dein Natalje ein Peh vor!«
Nu komms du. Euän Kuddl muss ran annie Gewerkschaff. Woll ma abtöfen, wie die mir abwimmelt.

Vonnie Buletten

Öih, Macker, marks Müüs? Unse wirtschaffliche Oddnunk is ans Wackeln, indem daß die Preise steigen as die Rakete bei Hauden-Lukas. Mein Natalje krichte ganz lange Ohrn, as ihr den Pro- und-Contra-Obermann, den ja ein kaptalissischen Untermann is, innas Pantoffelkino rumsaften hörte.

Mein Natalje verschluckte bald die Bierbuddel mit. Bier trink ihr nu jümmers zu Hause. Wegen die Preise. Und aus die Buddel wegen die Gleichberechtigunk. Nu komms du!

»Kuddl«, sacht sie, »was is mich denn mit den? Den sieht ja schon den Umsturz auffe Fußmatte vor die Haustüä stehn. Un das allns wegen den schnöden Mammon als sochchen. Ham wir denn sons nix an echte, ewige Werte inne Suppe zu krümeln?«

»Doch«, sach ich, »Haus- un Grundbesizz. Gold un Brilljantn ebenso. Die steigen so, as das annere Geld an Wert fällt.«

»Satsch is Leife«, sacht Natalje, »das wußte den Göthe schon. Hammä oder Amboß sein. Oder issas ausse Bibel?« Nu komms du!

Ich sach: »Den Emil Ober- as kaptalissischen Untermann«, sach ich, »hat das mit die unveräußerlichen Werte vonnas krißliche Ahmtland as sochches. Ins allgemeine. Den seine Ordnung insbesonnere beruht abers bloß auf veräußerliche Werte. Mit unveräußerliche kann ihn gannix anfangen. Indem daß die veräußerlichen sich innen Preisgalopp bewegen, daß es man so brummt, hat er Angst, daß Leute wie du un ich sich mal fragen, wen einklich dabei ohne Seife rasiät wern tut.«

»Wen schon«, sacht Natalje, »wir natürlich, die lütten Leute. War doch inne Mahktwirtschaff schon ümmers so. Wie sacht Wilhelm Busch, den großen Filesofen? Hund un Kater fliehn in Lauf. Den größten Lump bleibt obenauf.« Nu komms du!

Ich sach: »Könn wir innie Sachwerte einsteigen? In Gold un Brilljantens?« sach ich. »Könn wir nich. Wir dürfen, aber wir könn man

nich. Mangels Masse.«
»Siehste«, sacht Natalje, »für unse Aabeit kriegen wir Zaster. Für den können wir alles kaufen, was wir wolln. Abers blots, wofür den Zaster langen tut. Sons is Sense. Brauchen wir Mahkwittschaff? Nee, wir brauchen Zaster. Los, Kuddl, schreib ein Brief annen Veband. Den Loderer soll den Tarif künnigen.« – »Und die Preise?« sach ich. Natalje lacht: »Hast woll auch Schiß, was? Bei die Unternehmergewinne? Ihr explodiän. Wenn du nich ran annie Buletten gehst, denn nehm die ihr!« Nu komms du!
So schubs dir deine Olle mang alle übäschtaatlichen Mächte as sochche. Wiss du vielleich deine Vohdäfüße innen Krach vonnie Vorstandsetasche von Vauweh reinmengeliän? Ich nich. Ich weischa nich ma, wie unsenein da hinfinnen soll. Steht in keine Reisebeschreibung in. Un den Loderer ischa meinen Vorsizzenden as sochchen. Ihn is gewissermaßen sozusagen meinen Angestellten. Abers ihn is ein von die, von die du wissen tust, dassu ihr bezahls, abers nich weiß, wie un wo du ihr annie Hammelbeine kriegen kanns. Nöö, unsenein muß direck ran annie Buletten. Ihr ham oder nich ham, das is den Kuddl seine Frage.

Vonnie Währunksspekulatschon

Öih, Macker, has du auch sonn bannigen Äager wegen die Weltwährunksspekulatschon as sochche? Ich scha. Es ischa nich wegen das Geld. Es is wegen mein Natalje. Von wegen das Geld hab ich kein Äager. Mangel an Masse.
Wenn ihr könnte, as ihr wollte, denn würde ihr sie alle in ein Teelöffel voll Wasser vesaufen. Abers ihr kann man nich. Denn erssens is ein Teelöffel da zu lütt zu, un zweitens issas gegen die Freiheit unnie ahmtlännische Kulltuä. Mein Natalje sacht: »Mir könn sie alle an Mors«, sacht sie, »mit Ahmtland und Gerechtigkeit, wenn den gansen Schiet blots dazu langen tut, sonn lütten Druckereibesizzer bei de Büx zu kriegen, wenn ihm sich selps Dollahnotens drucken tut. Abers wenn den amerekanschen Schtaat das machen tut un damit ein Weltinflatschon mach, un sonn paa Flegels machen da noch Profit aus, denn issas gannix!« Nu komms du!

Mein Natalje sacht: »Gut, Kuddl«, sacht sie, »lassen wiä ma das Problehm as sochches. Ich kann abers trozzdem nich einsehn, wa'um wir das nich machen as innie Schulzeit. Da ham wir den, den ein annern ein falschen Groschen andrehn tat, glatt ein Arschvoll gehaun. Ruhich, Kuddl! Nu sach mich ma, wassen unnern Strich dabei rausgekomm is.« Ich sach: »Tschä«, sach ich, »was is dabei rausgekomm? Erssens: Alle, die annie Bildzeitunk glaum, un sie ihre Volksackzien un so gekauf ham, die sünd in Mors gekniffen. Zweitens: Das wessdoitsche Teilvolk, einich in seine Schtämme un uneinich innen Viehnannsausgleich, berapp zwei Milljahden. Die verdien die Spekulantens. Für des doitschen Volkes liepsen Käfer komm bezüchlich Expoht maue Zeitens. Den laüf un laüf sich fess. Das is auch bei die Wäften so. Viertens: Wir schwimm in Geld un dühfen es nich verwerten. Zwansich Milljahdens tuän mehr bei uns rum. Fünftens: Alle die Mackers, die die Scheiß angerührt ham, kloppen sich annie Bruss un sagen, wassie füä fixe Kääle sünd.« – »Nu

kommms du«, sacht Natalje.
Mein Natalje sacht: »Wen hat die Ackzien vonnie Bildzeitunksgläubigen gekauf un da an vedient?« Ich sach: »Das große Kaptal.« Natalje sacht: »Asso ein Ackzel Springer Sondersteuä für die lütten Loite«, sacht sie, »wen sich Bild leisset, musses sich was kossen lassen. Wen bezahlt die zwei Milljahden nu, wen kricht ihr?« Ich sach: »Berappen tun wir. Kriegen tun das die Spekelanten.« Natalje sacht: »Tschä«, sacht sie, »so gehtes dann weiter bei drittens, viertens, fünftens. Oben stecken sie ins Pottmaneh, unten gibb das ein vorn Dööz un da muss berappen. Man inne Tünn, wassen Beschiß.« Ich sach: »Tschä«, sach ich, »das is den Preis vonnie Freiheit. Sagen wir: Rüssunkskossen, überhöhte Preise, Zuwentionens, Währunksspekulation – allns den sölben Schiet. Oben wird kassiät. Unten wird berapp.« Natalje sacht: »Ich bün alt genuch gewoon«, sacht sie, »un weiß daß nix für umsons is. Abers is den Beschiß von die lütten Loite wirklich den Preis vonnie Freiheit?« Ich sach: »Nich unbedink«, sach ich, »abers denn muß die, die bescheißen, annie Wäsche. Un denn bis ein Gehchner von Rech un Ohdnunk.« Natalje sacht: »Un wennu das nich riskiän wiss, denn muss ehm die Ackzel Springer Sondersteuä berappen?« – »Genau«, sach ich. Natalje sacht: »Wir ham diesbezüchlich je nix zugesezz«, sacht sie. »Kuddl, ich wer Schtaatsmann. Ich überlech mich das noch ma. Innie Zwischenzeit behauppe ich, dassas ganze einen Erfolch wa, indem wir wenichssens auf Bild nich reingefalln sünd.« Nu komms du. Hier fink Natalje ihr Kaptulatschon an. Damit weiß denn auch schedenein, den Beschiß geht weiter! Nu komm wir alle ran! Annie Kasse. Zus Berappen.

Vonnie Ölkrise

Öih, Macker, man bannich knapp bün ich ein famieljäre Struktuäkrise entronn. So ehm un ehm konnte ich mein Natalje in Ahm falln, as ihr die schon über sie ihr Haup schwebende Krüschtallwase auf den Fähnsehn deppern wollte. Wa'um frachs du noch? Denk dir ma rein, was das bedeuten tut! Kannscha nich ma mehr all unse Pollitikers rumsimelieren sehn, die da an rumknacken tun, as wie wir mit unsen wohläwohbenen Kaptalismus klahkomm solln. As wie das angehn tut mit mein Natalje?

Tschä, das was innes zweite Programm. Da kwasselte ein innen Kommentah zu die Ölkrise. Dabei brannten mein Natalje ihre inneren Sicherungens durch. Das lach nich da an, daß den Macker aus Bayern wah. Da kann je kein ein was für. Ein Affe kann je auch nix fürn Urwald. Nee, das lach an den seine Ansichchen. Un das soll scha woll was heißen, wennu Löwenthal abkanns.
Asso, währntdem den Kollegen as ein nevösen Wellnsittich mit die Augendeckels klappät, sacht er, daß uns beis Öl die Mahkwittschaff erhalten wern muß und dassie ahmen Loite vonnen Schtaat Geld kriegen müssen. Da wurde mein Natalje verrück. Nu komms du!
Ich sach, nachdem ich mit ein Untergriff sie ihre zwei Zentners innen Sessel gewuchtet hatte: »Sach ma«, sach ich, »has du da vielleich was gegen, daß den Schtaat ahme Loite helfen tut?« – »Halt mir fess«, bölk mein Natalje. »Ich reiß mir los. Den Kähl den, den dreh ich den Schluck ab.« Ich sach: »Dazu brauchs scha bloß auffen Knopp drücken«, sach ich, »un nich mit eine teure Wase auf den Klapparatismus haun. Wen wird ein Strohdachhaus anstecken, wenn ihm Feuä für sein Ziehgarette ham will?«
Mein Natalje sacht: »Klah«, sacht sie, »müssen die ahm Loite nu Pieselotten vonnen Schtaat kriegen. Muß er scha. Was wills machen, wennie großen Konnzähne uns ohne Seife rasiän un heute die Preise nehm, die in vier Schahre an sünd, wenn sie das Öl weiter so knapp

machen, as sie das vorham? In Momang kanns gannix machen, as das berappen, wassie ham wolln. In Konnzähne gegangen, von die Konnzähne aufgehangen. Dascha aschklah...«

»Natalje! Ein büschen auffie Fohm achchen«, sach ich. »Nu komm mir nicht mit Fohmfragens«, sacht sie, »bün ich den Korintenkakker, den Kahstens? Ruhich, Kuddl! Nöö, den Lautsprecher von den bayrischen Wüstenvogel recht mir auf, weil er mir für dumm hält. Den Mors glaup je woll, ich merk nich, daß die Hilfe für ahme Loite nix anners is as ne Sonderschteuä, die wir alle bezahln un die die Konnzähne auch noch kassiän. Ers rasiän sie uns ohne Seife. Wir blechen. Denn hilf den Schtaat ahme Loite. Wir blechen nochma. Unnie Konnzähne? Sie kassiä zweima. Und das will den blauweiß-karriäten Mors so lassen. Bin ich denn verrück?«

Tschä, Macker, marks Müüs? Wir sünd die Lackiäten, dascha klah. Merks du das? So as mein Natalje? Denn komms du!

Vonnie Kuä

Öih, Macker! Kenns den Schnack vonnen erssen Kaptalissen? Ihn lautet: »Das Geld liech auffie Straße. Die meissen sünd blots zu dösich un sammeln das auf.« Da'um sach ich euch: »Es liech bannich viel Geld auffas Flaster. Mackers, denk übä die Sammelmethoden nach!« Un alle, die mir lesen un auf mir hörn, kriegen gleich noch ein Tipp mit Kuddl Schnööfs Wege zu Reichtum, Sichäheit un Wohlstand. Das meisse Geld, den meissen Zaster, wern wir zukünfige Zeitläufe dafüä ausgehm, damit wir die Folgen vonnen Kaptalismus loswern. Umweltschuzz, Verkehä un so. Um die Knöppe zu kriegen, machen wir denn noch mehr Kaptalismus. Dabei geht denn noch mehr in Eimer, un wir brauchen noch mehr Penunnse für Reparatuä. So sichern wir Aabeit un Profit un marachen uns jümmers mehr ab. Mein Natalje sacht: »Kaptalismus is«, sacht sie, »wennu ümmer mehr wurachen tust, damit du die Probleme lösen kanns, die du nich ham tätes, wennu kein Kaptalismus has.« Nu komms du.

Auf den Trichtä bün ich gekomm auf mein Kuä. Wiä sünd nu je schon so kaputt, daß wiä Kuän machen müssen für Loite, die richtich aabeiten. Die Ähze sagen, daß is den kaptalissischen Schtreß. Was das genau is, wissen die auch nich. Is abers n' dolles Woht. Un an eben sonnen Schtreß leidete nu euän Kuddl. Da'um bün ich auf Kuä, un da machen sie mir wieder fit.
Un was die machen, Macker, da muß dir ma reindenken. Duche Aabeit biss kaputt, auffe Kuä machen sie dir duch Aabeit wieder fit. Kriss die Hälfte zu fressen un muß den ganzen Tach tuän, laufen, springen, schwimm. Nu komms du. Un für so was ham die nu studiät un ham kein Plazz auffe Unitäten. Ischa klah, dassa kein Plazz is, wenn du für sonne Aaschklaritäten auch noch studiän muß. Was die mit dich machen, das konnte meinen Ausbiller beim Kommiß auch. Das wa einen ganz berühmten Schleifer, kam aus Pommän, wa Landaabeiter. Un kuck ma, wenn die damalige Zeit alle Schleifers

auffe Unität geschick hätte, dann hätten die auch kein Plazz gehap.
Tschä, un meine Schtrapahzen un mein Kohldampf, den bezahlt je die Kasse, nich? Abers gleich nehmt an, da liecht ein gans berühmpte Privatklinik, die nachas sölbe Prinzip aabeiten tut. Da betohlst du hunnert Mahk an Tach. Dafüä könn sie soviel Sauerkraut un dennoch rohes Grünzeuch fressen, assie lustich sünd – sons gibb das nix, höchsens noch grün Salat mit nix an un anners Kanickelfuttä – un denn wern die, hastu was kanns du, geschliffen. Nu komms du. Ischa woll schedenein klah, daß da was bei übä is.
Unnu komp das Döllste. Annen Anfank verklickern sie dich, daß den Erfolch vonnie Kuä von deine Bereitschaff abhängen tut, aktiv mitzumachen. Sie lassen dir hungän, sie schleifen dir. Dafüä berapps du nich blots, nee, du soss das noch mit deine Aktivität unnästüzzen. Sons büss sölm schuld, wenn es nich klappen tut. Nu komms du.

Kuck ma, Macker, so liecht das Geld auffe Straße. Ich mach nu ein Kuäsanatorjum auf mit Antiakehol. Da bezahln sie mir denn noch dafüä, daß sie da nich saufen dürfen. Ich such noch Teilhabers. Wie isses, machste mit? Denk da an, da liecht noch viel Zaster auffe Straße, den blots daauf töft, daß ihn ein aufsammelt.

Vonnie Fleischpreise

Mein Natalje is bannich fünsch. Übä die Fleischpreise. Alle Schlachters will sie mit Rupp un Stupp ausrotten. Ich sach: »Den lezzten«, sach ich, »beißen die Hunde. Un die lezzen sünd wir. Wir können denn die vorlezzen beißen. Das sünd die Schlachters.«
Natalje sacht: »Un ich«, sacht sie, »ich beiß mir nu bald vor Wut innen Mors über die Preise. Un kein ein will veantwohtlich sein für sie. Ümmer ham die höheren Mächte da die Schuld an. Kuddl, wer is nu einklich veantwohtlich?« Tschä, Macker, wen einklich? Ich sach: »Vor die Wahl«, sach ich, »die Pollitikers. Die renn sich denn die Hacken ab wegen unsre Schtimm un reißen sich ein Bein aus, dassie die Veantwohtung kriegen für unveantwohtliche Sachen.« – »Niedä mittie Regierunk«, bölkt Natalje. »Halt mal die Luff an«, sach ich, »nach die Wahl komm sie denn da achter, dassie das gahnich veantwohten könn. Denn is das wie bei die Inflatschon ein globales Problem. Weltweit un so.«
»Abers«, sacht Natalje, »wen is denn veantwohtlich für das Globale? Ein muß das doch geben un ziehn ihn zur Rechenschaft dafüä.«
Ich sach: »Da is keinen veantwohtlich dafüä«, sach ich, »das liecht annen Mahkt as sochchen mit seine Gesetze. Sagen sie.«
Mein Natalje kuckt mir schahf an un sacht: »Du bist nich Nicksen«, sacht sie, »den übers Fähnsehn zu sein Volk über Wotergäht saften tut. Du büst Kuddl Schnööf, schnacks mit dein Frau un muß bei die Wahheit bleihm. Kuddl«, sacht sie, »wo an liecht den Mahkt un seine Gesetze?« Ich sach: »Annen Kaptalismus«, sach ich.
Natalje sacht: »Tschä«, sacht sie, »un da hat auch keinen die Schuld an, nich?« Ich sach: »Nee«, sach ich, »da is keinen, der sacht, dasser dafüä veantwohtlich is.« – »Nu komms du«, sacht Natalje, »allens is ein globales Problem. Keinen kann was dafüä. Keinen hat die Veantwohtung. Abers alle ham sie ihre Vorderfüße da mang un rührn da in rum. Un wenna Schiet dabei rauskommt, isses keinen gewesen. Wie bei die Fleischpreise.« Ich sach: »So isses, mein Natalje!«

Tschä, Macker, so isses. So verklapps du nu dein eichnes, vor Gott unnie Menschens angetrautes Weip. Sabbels rum vonnen Mahk un vonnen Kaptalismus. Un denn? Denn muß berappen. Was wiss machen? Soss vielleich beikomm un da über simeliän, wassas für einen Schkandal is, dassas nich die Nachfrage is, die den Preis bestimmen tut, assie uns in ihre modähnen Märchens für Äwackzene beipuhln wolln? So isses doch mitnichchen. Die Produzenten machen die Preise. Unnu komp uns Freiheit. Du kanns dich dein Biefschteck kaufen, du kanns es auch nachlassen. Wennu das nachlassen tust, denn kanns Soja-Produkte fressen. Is as wie Fleisch. Blots mitten Geschmack, da funk das noch nich so gans.
Mit den Mahk, den Kaptalismus un mittie Fleischpreise isses so, as mein Natalje jümmers sacht: »Klah«, sacht Natalje, »du kanns aus Scheiße Buttä machen. Du koiß ihr streichfähich, kanns ihr abpakken un alles. Mit die modähne Technik schaffs das. Blots mit den Geschmack da an, da hat das bannige Nücken!« Kuck, Macker, bei den Geschmack da an, da komms du!

Vonnie Machers

Mein Natalje liest innie »Welt der Aabeit«. Das is ne Welt, die nich Springer gehören tut. Sie is vonnie Gewerkschaff für sie ihre Funkzonäre. Ihr äscheint da'um unnä Ausschluß vonnie Öffentlichkeit. Natalje sacht: »Kuddl«, sacht sie, »hieä ins Blatt steht, dassas Kappnett Schmidt ein Kappnet vonnie Machers is. Dascha prima! Allns oll reit. Pipel an Bohd. Denn solln sie ma machen. Ersma solln sie was gegen die Preise machen.«

Ich sach: »Das könn sie nich.« – »Wieso nich?« sacht Natalje. Ich sach: »Indem dassie Preise«, sach ich, »vonnie internazzenalen Kaptalissen hochgejump wern. So as bei Öl und Pipieä un so. Un indem düsse Mackers internazzenal sünd, kanns du ihr nazzenal nich annie Wäsche. Sons drehn sie dich den Hahn zu und den Schluck ab.«

»Tschä un denn?« sacht Natalje. Ich sach: »Ohlmann, betohl man«, sach ich, »was soss woll sons tun.«

Natalje sacht: »Denn solln die Machers, düsse Mackers«, sacht sie, »mehr für die ollen Loite tun. Orntliche Altersheime un so.« Ich sach: »Das könn sie nich.« – »Wieso nich?« sacht Natalje. Ich sach: »Indem dassie«, sach ich, »bei sie ihre Ausgahm vonnen Schtaat as sochchen spahn müssen, indem daß sons die Preise noch mehr steigen. Asso, mehr Altersheime is nich.«

Natalje sacht: »Denn solln die Machers«, sacht sie, »ma was gegen die Preiserhöhunk bei die Mieten unnie Straßenbahn tun. Denn has in Frankfuät auch keine Klopperei auffie Straße.«

Sach ich: »Das könn sie nich«, sach ich, »da könn sie auch nix machen.« – »Wieso nich?« sacht Natalje. Ich sach: »Erssens«, sach ich, »is Mahkwittschaff. Zweitens bei die Wohnungens, wo den Schtaat seine Fingers mang hat und bei die Straßenbahn un so, da steigen auch die Kossen. Wenn sie dich die nich aufknacken, denn müssen sie das aussie Steuä nehm. Nehm sie das aussie Steuä, denn könn sie übähaup keine Altersheime mehr baun.« – »Nu komms du«, sacht

Natalje, »was könn die Machers denn übähaup machen?« Ich sach: »Ne gute Figuä«, sach ich, »un denn noch was für die Zeitungens.«

Mein Natalje wa baff. »Für wen könn sie was tun?« sacht sie. Ich sach: »Für die Zeitungens.« – »Womit?« sacht Natalje. Ich sach: »Sie könn ihr Steuän schenken.« – »Büss du ganz un gah verrückt?« sacht Natalje, »Bäckerschungs mit Stuten füttän, wa?« Ich sach: »Die Zeitungens«, sach ich, »gehn an Stock. Die Papiäpreise steigen, die Annonksen gehn zurück. Die große Scheiße is in Anmahsch, un Springer lauät achtä die Kulissen. Asso, schenk sie ihre Steuän!«
Natalje sacht: »Ers ham sie gesacht«, sacht mein Natalje, »dassie die Apstimmunk annen Kiosk wolln. Nu wolln sie keine Steuän bezahln. Die Bild subwenzeniern! Denn kannscha auch Haschisch vonnen Schtaat aus verschenken!« Nu komms du.
Natalje sacht: »Un wa'um«, sacht sie, »sagen sie nu, dassas ein Kappnet vonnie Machers is?« Ich sach: »Indem«, sach ich, »bei den gansen Schiet as sochchen wenich bei zu machen is.« Natalje bölk: »Niedä mit den Kaptalismus!« Ich sach: »Siehst woll, Schütt«, sach ich, »nu mitten mal. Abers das gibb keinen Macher, den das machen kann.« – »Klei mi an Mors«, sacht Natalje. Kuck ma, auf sonn Aht billet sich den Schtaatsvedruß un so, wie Machers nix machen könn, abers solln.

Vonnie Schtabilität

Mein Natalje sacht: »Wir brauchen ein unumschränkten Preisdiktator annie Schpitze!« Nu komms du! So schnack den weiplichen Teil vonnie nach Selbstbestimmung strebende Ahbeiterklasse, die auf dem demekratischen Fade wanneln tut.

Natalje sacht: »Für ein Kohlkopp ham sie drei Mahk velank«, sacht sie, »das is ja noch nich ma die Rübe wert, an die deine Ohrn befesticht sind. Für Kalbsfileh nehm sie virrzehn Mahk achzich. Da kanns dich bald ne Rinderbesamunksanstalt für kaufen. Ich fühl jeden mohgen nach, ob mein Haar noch vorhannen is, oder ob die Preise die mich auch noch von Kopp gefressen ham. Nee, Kuddl, nu muß die Schtabilität ran. Das hilft allns nix.«
Ich sach: »Es ischa bloß die Frage«, sach ich, »was denn komp, wennie Schtabilität gekomm is. Denn komp die nächste Währungskrise. Un den ganzen Zirkus geht wieder von vorne los. Die Ahbeiters spahn bei die Löhne. Die Kaptalissen machen bannige Profite. Denn schicken sie uns die Dollars übern Kopp. Die Preise steigen. Die Schtabilität wackelt. Natalje sacht, die Schtabilität muß wieder ran. Unsern Kopekenscheich Helmut den Ersten gehorcht sie. Un denn komp die nächste Währunkskrise. Die Ahbeiters spahn ...«
»Hör auf, du Igel«, sacht Natalje, »du nimmst ein scha den lezzen Mumm!«
Ich sach: »Tschä«, sach ich, »Schtabilität is ehm überall erforderlich. Da muß ers mal dein Mumm schtabilisieren. Den Hüh un Hott mit die Preise hoch un die Löhne fess; die Preise höher, die Löhne fester, den geht ers richtich los.«
»Kuddl«, sacht mein Natalje, »wir brauchen ein Revollutschon, ganz fix, un die mit Rupp un Stupp.« Nu komms du!

Ich sach: »Natalje«, sach ich, »as ich dir vestannen habe, wolltest du vor fünf Minutens die Schtabilität mit ein Preisdiktator. Un nu wiss

du das Gegentum vonnie Schtabilität: Ein Revollutschon. Abers wie dein Kuddl dich schon mal gesacht hat: den Kaptalismus könn sie uns so bald nich nehm. Da kanns dich auf velassen. Wannu auch sons velassen bis. Unnu los zum Höker: Ohlmann, betohl man!«
As mein Natalje zurückkommen tat, da hatte ihr eine Broschüre eingekauf. Wa von Lenin. Schtaat und Revolutschon. Natalje fummelte da in rum. Denn sacht sie: »Wennas mit die Revolutschon«, sacht sie, »ehmso schwierich is, as den Macker kapiän, denn lasses man bei die Schtabilitätspolletik. Für ein Bündnis mit die Bauän un damit höhere Fleischpreise is ihm auch noch. Kuddl, dem Lenin is für mir in düssen Momang gestohben.«
Ich sach: »Wir bleihm bei unse wohläwohbene Schtabilitätspolletik as sochche«, sach ich, »da wissen wir wenichssens, dassa alles annere bei rauskomm kann as dieselbe. Un denn issa noch schtabil bei, dassie auf unse Knochen gehn tut. Die Kaptalissen wern weniger un reichä, die Proleten berappen un bleihm Proleten. So bleip uns zittliche Ohdnunk schtabil, un alle annern, mit Strauß un Springer annie Schpizze, könn ruhich pennen.« Un denn, Macker, komms du noch lange nich.

Vonnie Baulöwen

Öih, Macker, nu ham sie scha die Baulöwen an Mors. Wa'um? Da frachs du noch? Sie ham uns beschissen. Mittels Preisabsprache. Ischa klah. Nu sachs du schon wiedä: Wa'um? Macker, ischa auch ganz klah. Weil allgemein viel beschissen wird. Un die, die ham den Beschiß ogganisiert. Richtich, das tun sie alle. Abers, die Baulöwen ham sie bei die Ogganisatschon vonnen Beschiß bei die Büx gekrich. Un das, Macker, mach die Differenz innen Unnerschied. Denn ballät den Rechtsschtaat as sochchen mit seine Vorderfüße unnie ganse Schwere vonnas Gesezz damang. Soss sehn, die kriegen für die Milljohns, um die sie die Steuäzahlers beschummelt ham, so annie hunnätdausend Mahk Geldschtrafe. Nu komms du!

Macker, du schüttels den Kopp un lachs. Tut mein Natalje auch. Sie sacht, daß den Rechtsschtaat auch Beschiß is. Ich sach: »Isser nich«, sach ich, »ihm is blots nich schlauer as wir alle. Zuzüchlich Häbät Weichmann, den je ein Hartmann is. Wassu daan sehn kanns, dassas Grundgesezz, mit das du keine Ohdnunk machen tust, wenichssens dafüä zu brauchen is, daß wir es uns gegenseitich auffen Dööz hauen. As ein vonnie Schlauen damalige Zeit sachte: Wenn ein Buch un ein Kopp zusammenrasseln un es hohl klingen tut, denn brauch das nich annas Buch liegen. Da'um haut ihn die Verrückten annie Unität un sich selps das Grundgesezz vorn Dassel. Wassa bei rauskomp, is Lähm.«

Tscha, Macker, mein Natalje sacht auch, dasses die Höchde is mit die Baulöwen. Finne ich gannich. Ich kann mir vorstelln, dasses viel schöner is, un machen as Unnernehmer ohne Konkerrenz viel Zaster, as mit Konkerrenz wenich Zaster. Tschewoll, mein Natalje sacht das auch. Is gegen das Süschtem vonnie Mahkwittschaff. Nach das Papiä, wo das Süschtem auf steht, soss as Unnernehmers für viel Konkerrenz un wenich Zaster sein. Das mach sich gut bei Fessreden.

Die Schnacks sünd für die Moral, die Tehorie. Der Beschiß is für die Prackziß. Un du, Macker, berapps das auch noch.
Klah, für hohe Schtrafen, da is mein Natalje auch füä. Abers da kenn wir in Rechtschtaat die Verhältnismäßigkeit vonnie Mittels. Un da Beschiß in uns Süschtem verhältnismäßich nohmal is un es dir unverhältnismäßich schlechtgeht, wird ein Milljohnbeschiß mit Zehntausende bestraf. Verstehst du, Macker, verhältnismäßich.
Wassie Unnernehmers tun solln? Macker, ich sach auch ümmer mein Natalje: »Es is rührend«, sach ich, »was sich den doitschen Ahbeiter sein Kopp für die Unnernehmers zerknacken tut. Abers auch das is einfach. Sie müssen ein europäischen Konnzähn grünnen. As viele das schon getan ham. Sizz in Waschington. Denn kanns ihr auch nich mehr annie Wäsche. Hoite is nazzenalen Beschiß nix mehr. Du muß internazzenalen Beschiß machen. Berappen? Ischa klah, berappen tus du denn auch. Kuck ma, so komms nich aussie Gewohnheit.«

Wenn ihr grade ma nix anneres zu tun hap, denn könnt ihr un mein Natalje da ma über nachdenken, wie ihr euer Fell schützen wollt. Abers eins is klah: *Ihr* dürft nich bescheißen. Wegen die Moral! Nu komms du.

Vonnen großen Reibach

Öih, Macker, mit die Mänätschäkrankheit kommscha unter die Loite. Muscha. Soss dir bewegen. Latschen un so. So kam mein Natalje un ich denn bei Fiete Kohlmorgen. Weischa, Hein Kohlmorgen sein Bruder. Verheiratet is ihm mit Lina. Sie sizzen aufs Land annie See.
Hein is bei die Post. Die sünd da nu mittenmang lauter von uns revollutschonäre Bauern. Kenns ihr scha. Die wolln den tetalen Umschtuäz as sochchen, abers es muß allns so bleim, as es is, un sie müssen für die Milch das Dreifache kriegen. Indem das auffen Schturz nich hinzukriegen is, melken sie die Berliners un annere Kwietschers. Es is nu eine Fremmenverkehrsgemeinde zwecks Ausbeutung vonnas wähktätiche Volk mit annere Mittels, weil es über Agrahpreise un Suppventschonen allein noch nich langen tut.
Un mein Hein is fix dabei. Ihn is Gemeindevertreter vonnie Esspedeh. Zusamm mit drei Maurers bildet ihm die Frackschon vonnie Klassenbewussen un sünd damit befass, sich selps auszubeuten. Nu komms du.

Hein un sein Lina gurken mit uns durche Gemeinde. Wegen mein Kreislauf un von wegen mein Natalje sie ihre Neugier. Bei mich isses ja mehr Wissensdurss.
»Un hiä«, sacht Hein un wedelt as ein ollen General mitten Ahm durche Gegend, »un hiä solln nu zwei große Hotels hin. Zweihunnertfuffzich Zimmers in schedes. Ein amerkahnschen Konzern baut die Dingers. Schunge, da sizz Geld achter. Sonn Kasten kost mit alles, wassa so an bimmeln un bammeln tut, glatt fuffzich Milljons. Das brink Geld innie Gemeinde.«
Ich sach: »Tschä«, sach ich, »un wen baut die Wohnungens?« – »Was für Wohnungens?« sacht Hein. »Für das Persenahl«, sach ich, »oder glaubs du, du kanns deine Bauern von Mistschwingers auf

Barkiepers umschuln?«
»Chottsverdorri«, sacht Hein, »da solln wir woll nochma über schnacken. Da steck je noch gans was anners achter.« Ich sach: »Das sünd so bummelich vierhunnert Mackers mit Familje«, sach ich, »un denn seht euch man schon nach ein Archetekten um, den sonn büschen in Mittelmeerstil baun kann.«
»Du hascha einen annie Hacke«, bölk Hein, »was solln wir woll mitten Mittelmeerstil, du Mors!« Ich sach: »Damit all die Italjehners sich hier 'n büschen as wie zu Hause fühln. Un Kinnergärtens für sie ihre Görn braucht ihr auch.«
Hein blieb bazz stehn. »Wat?« sacht er, »Italjehners?« Ich sach: »Wen soll sons für die Hotels ahbeiten?« – »Nu schlächt es dreizehn«, sacht Hein. »Nöö«, sacht Natalje, »den großen Reibach naht. Fracht sich blots für wen. Un mit welche Folgen.«
Hein sacht: »Kuddl«, sacht er, »du kenns mir auße Gewähkschaffsjugend. Ich bün für den proletarischen Internazenalismus. Ümmer gewesen. Abers dascha nu woll ganz was anners. Italjehners! Un denn bei uns!« Ich sach: »Hoch die Prinziepjen«, sach ich, »so hoch, daß da keinen ran kann.«

Ich glaub, bei den großen Reibach warn Knochens mang. Idologische. Wär je auch das erssemal, daß einen geschenkten Gaul nix in Rachen hat. Diesesmal isses Hein sein proletarschen Internazenalismus. Nu komms du.

Von mir as Dühnamit

Öih, Macker! Bei uns auffe Aabeit is was los. Von wegen den Konnschunktuäzuschlach, den das gehm soll un den das nich gibb und den noch nich bezahlt, abers wenn ihn bezahlt, nich zurückgezahlt wern soll. Hein Piepenbrink wa so außer sich, daß ihn sich selps mit bloße Augen gannich mehr erkenn konnte. Ihn hat jümmers nach den Helmut Schmidt geschrien. Er wollte ihn gleich auffressen. Ohne Senf, abers dafüä mit Rupp un Stupp. Nu komms du!

Hein Piepenbrink wa einen sanf säuselnden Südwind gegen das, was mein Natalje zu Hause entfesseln tat. »Ham wiä den Kaptalismus bei die Wahl ein vorn Dassel gehaun«, bölk ihr, »oder nich? Tschewoll, wiä ham ihn ein vorn Scheddibredi gegehm! Unnu? Nu bällert ihm uns ein innie Wäsche. Und duch wen? Duch Helmut Schmidt. Ham wiä ihm dazu hingewählt? Nee! Dazu ham wiä ihm nich da hingewählt.« Ihr schnackte schon as Stalin. Den beantwottete auch ümmer Fragen, die ihn sich vorher selps gestellt hatte. Das hat den großen Vohteil, daß dich keine Frage überraschend komp.
Ich sach: »Erssens«, sach ich, »bestreitet den Helmut Schmidt, dassas den Konnschunktuäzuschlach gehm soll.« – »Ich fresse keine Maüse mehr«, meint mein Natalje, »sachte die Kazze, da hatte sie ihr ausgerottet.« – »Zweitens«, sach ich un bleip ganz ruhich, »muß da woll noch ein büschen mehr passiän, wennu den Kaptalismus wirklich annie Wäsche wiss. Da könn sonne Tüpen as du un Hein die Klappe noch so aufreißen, da grient ihn bloß über.«
»So?« sacht mein Natalje spizz assen Nähnadel, »aber bei die Wahl wa unse Klappe gut genuch. Oder?« – »Klah«, sach ich, »da wern die Stimm bloß gezählt und nich gewogen.« – »Deine Stimme hätte denn je woll das Gewich von ein Zentner bis zu ne Tonne«, sacht Natalje. Ich sach: »Bei die mich angebohrne Bescheidenheit«, sach ich, »wolln wiä ma sagen: Wenn deine Stimme hunnät Gramm is, denn

muß meine so ungefähr bei fünf Tonn anfangen.« – »Bescheidenheit is eine Zier«, sacht mein Natalje, »doch weitä komp man ohne ihr. Du wäcks dir so bei lütten zu ne Aht Geheimwaffe vonnas werktätiche Volk as sochches aus. Fracht sich bloß, ob sie von dich den richtigen Gebrauch machen könn.«

Nu komms du.

Ich denk, sie spring mich mit sonswas bazz in Gesicht. Tut sie nich. Nöö, mitnichchen. Ihr wird so richtich vigeliensch freundlich. Ich sach: »Na«, sach ich, »ischa man gut, dassu das einsehn tus. Was solln sie denn mit mir machen?« – »Ganz einfach«, sacht Natalje, »wenn den Konnschunktuäzuschlach doch komp, denn schmeißen wir dir dagegen innie Waachschale. Denn fliecht die annere Seite vonnie Waage so hoch inne Luff, daß den, den da sizzen tut, das Segeln und den freien Fall lernen tut.«

Nu komms du. So wirss du schon innie Familje gegen dein einklichen Willn as klassenpollitisches Dühnamit eingeplant. Soss ma sehn, was los ist, wenn mein Natalje mir wirklich innie Waachschale schmeißen tut. Da wern die da ohm sich wunnern.

Vonnie Struktuä

Du, Macker, vonnas Öl komp unseein je ganich mehr runter. Wo unseneinen geht un steht, Öl allö Ohten. Wo soll das nu langgehn. Ein Tach is Krise, an nächssen is gannix los. Den Friderichs mit seine Mandelaugen sacht, daß den großen Kladderadatsch, wenn übähaup, ers mohgen komp, un annere sagen, dassa ein strukturjelle Krise achterstecken tut. Das dauernd Hin un Her macht ein je ganz nevös.

Mein Natalje is auch schon ganz nevös. Sie sacht: »Dassa einklich gannix los is«, sacht sie, »ischa allns Kwatsch. Mähk ich doch an mein Pottmaneh. Abers, Kuddl, nu verklickä mir ma: Was is ein strukturjelle Krise?«
»Tschä«, sach ich, »Struktuä, asso... Struktuä is, wassa so alles an bimmelt un bammelt, indem das allns zusammenhängen tut. Und das geht allns innie Krise.« – »Versteh ich nich«, sacht Natalje. Ich sach: »Ich auch man knapp«, sach ich.
Da kam mich aus den reichen Schazz von tiefe Einsichchen, übä den ich verfügen tu, eine zupaß. Ich sach: »Du kenns doch den Inschenör Petersen«, sach ich, »aus uns Firma?« – »Klah, du Dööskopp«, sacht Natalje, »wo ich den sein lütte Frau doch jümmers bei die Kinner geholfen hab. Un den ollen Igel den, den lep nu von sie getrennt ins Haus. Ihm oben. Sie unten. Unnie ahmen Gören damitten mang.« Ich sach: »Un ehm ihr habbich getroffen!« – »Tschä und?« sacht Natalje. »Was hat das mittie Struktuä zu kriegen?« Ich sach: »Ne ganse Menge«, sach ich, »abers loot di manTied is ook een Walzer. Weiß du, wassie sacht, as ich so sach, guhn Tach, wie geht's, wie steht's, wie sünd wi op de Fööt? Sie sacht: Ooch, Hää Schnööf, sacht sie, wir sitzen nu wiedä alle auffm Dutt in eine Stube. Un mein Mann un ich schlafen nu auch wiedä in ein Bett! Du, Natalje, ich wa ganz vedattät. Ich sach: Wa'um? sach ich. Da sacht ihr: Das is wegen die Ölpreise unnie Wähme. Sie ham fümfsich Fenniche für'n Liter

bezahlt. Das haut auch bei Inschenör Petersen innie Papiere. Getrennt wohn un so, das is nich mehr.«

Natalje wa gans perplex. Ich sach: »Hassu nu kapiät«, sach ich, »was ne Struktuäkrise is?« Natalje sacht: »Habbich«, sacht sie, »habbich. Abers mir soll ma velangen, ob da jümmers so was Vernünftiges bei rauskomp as bei Petersen.« Ich sach: »Zusamm in Bett liegen«, sach ich, »un Venunf? Ich weiß nich.« Natalje sacht: »Los, Kuddl, komm zu Bett!« – »... häh?« sach ich. Natalje sacht: »Ich wer dich mal eheliche Struktuä beibiegen. Krise is nich. Da nich.« Nu komms du! Alle Wissenschaff, Macker, lannet bei Hungä un Liebe. Das wußte schon den ollen Schillä. Weischa, Friedrich von. Da um kennt man ihm hoite noch. Von Öl, Ausbeutunk unnie Folgen für die Liebe, da wußte sein Nahmsvettä Kahl nix von ab. Weshalp ihm auch nich Wirtschaffsminissä mehr is un ihm kein ein mehr kennen tut. Das sünd auch sonne strukturjellen Sachens. Auf höhere Ebene, nich.

4. Fohtschritt un Refohm

Vonnen Umweltschuzz

Was ich sonss noch gesacht hab? Och, einklich nix. Ich hab bloß gesacht, dassas für die Kaptalissen ein prima Geschäff wird. Erss baun sie den ganzen Schiet, den das allns verstänkern, verkwalmen un vergiffen tut. Da an verdien sie. Un denn baun sie nu ne neue Fabrik, die den Schiet vonnie olle wieder wechmachen soll. Nich gans, abers ümmerhin. Da verdien sie denn noch ma an. Indem es ummie Menschen as sochche geht, für die uns nix zu teuä is, wird denn scha das Ganse'n büschen teurer. Un das bezahln wir gähne, indem es scha um unse ureigenssen Interessen gehn tut. Nich? Uns Gesundheit, Kollege!

Du wirs mich doch nich fünsch, Macker? Wie komp mich so was? Mach das blots nich as mein Natalje. Keine neuen Vertriebenen. Denk an Hupka, Macker! Die suchen nach noie Heimaten. Pollitisch gesehn. Tschewoll, das hat mein Natalje auch gefracht, obbas nich zu ännän is. Klah, Mann, erzähl ich dich. Wennu das ännern wiss, denn muß die Mackers annie Wäsche, die nu an den Schiet verdien. Un denn muß dieselm Mackers annie Wäsche, indem sie nich noch ma an den Schiet gegen ihrn Schiet verdien. Wieso? Du mußt ihn verflichen, gleich Fabrikens ohne Schiet zu baun, kein Giff abzublasen un Verpakkungs zu machen, die verfauln un so.

Klah? Wa mein Natalje auch klah. Tschä, un denn habbich gesacht, dassas nich geht. Is gegen die Freiheit unnas krissliche Ahmtland. Mahkwirtschaff, Macker, freie Unnernemers un so. Nu komms du.
Nich verrück wern, Macker! Laß uns noch ein verlöten, erss morgen sünd wir flöten. Dich is den Apptit vergang? Na, denn machas as mein Natalje. Die sockt bei Bekannte rum un sucht Gasmaskens aussen lezzen Kriech. Denke dran, schaff Vorrat an! Prost!
Prosten machs auch nich mehr, Macker? Mann inne Tünn, nu hab

dir man nich so. Blots weil das Wassä auch kein richtiches Wassä mehr is, da die Resse vonnie Antibäbipille in sind, wiss du kein Bieä mehr trinken? Nu muss ich abers ma beikomm un an deine Sollidarität anfangen zu appelliän un so. Saufen muß den Menschen sowieso. Un wenn da schon übäall sonn schemischen Schiet in is, die Akzenäre vonnie Brauerei wolln auch lehm, die Ähze wolln auch lehm, indem ihn zwölfdausend Piepen in Monat noch nich langen tun; unnie Kollegen innie Brauerei un innie schemische Innuschtrie wolln sie ihre Ahbeitspläzze ham. Un denn, Kollege, ischa nu woll bei lütten klah as Kloßbrühe, dassie schemische Innuschtrie Medzin verkaufen muß. Da muß du ersma krank für wern. Denn kann ihr auch Gewinne machen. Ihr braucht Gewinne assas tächliche Brot. Wofür ihr die braucht, kapiäs du nich? Ischa klah! Damit ihr damit Umweltschuzz machen kann. Nu komms du. Sauf! Ich hab da kein Luss zu un verklickä noch ma von vohne an.

Vonnie Schteuärefohm

As ich vonnie Aabeit komm, sacht mein Natalje: »Freu dich Frizzchen, freu dich Frizzchen«, sacht sie, »heute gibbs Selleriesalat.« – »Lot mi an Land«, sach ich, »mit sonne ohrjentahlischen Aufputschmittels. Was von unsenein velank wern tut, das schaff ich auch noch so!« Natalje sacht: »Wo du ümmer an denken tus«, sacht sie, »du oller Igel, das ischa gannich andem. Nee, Kuddl, ganz was anners. Wir kriegen mehr Geld.« – »So«, sach ich, »dascha ma ganz was Noies. Is ein doot gebliehm vonnie Vewannschaff, den so tumpich wa, nich alles zu vesaufen, un den wir zu beähben tun?« – »Auch nich«, sacht Natalje, »wir kriegen was vonnie Schteuä. Dem Komponiß is duch mang die Koalatschon unnie Patentkrissen. Kuddl, wir kriegen Geld vonnen Schtaat as sochchen.« – »Ooch so!« sach ich.

»Ooch so, ooch so«, sacht Natalje, »du Tüffel achteihn. Tuscha grade so, as wennas nix is. Kuddl, das sünd ein paaa hunnät Mahk, Menschenskind! Mann inne Tünn!« Ich sach: »Den Hään hats gegehm«, sach ich, »den Hään hattas genomm. Beschissen bleibste bis in Ewichkeit. Un wann ich schon wannere ins finstre Tal, so stüzz mir die Steuäerleichterunk auch nich.« – »Nu komms du«, sacht Natalje.

Natalje sacht: »Du mussas je noch viel dicker ham, as man glauben soll«, sacht sie, »dassu auf'n Hunnätmahkschein so runnäkucken tus as vonnen Rathaustuäm auffe Enten in kleinen Kieäl.« Ich sach: »Ich hab das gannich so dick«, sach ich, »abers ich hab das nu bald dicke. Auffe eine Seite rein inne Tasche un auffie annere Seite raus ausse Tasche.« – »Versteh ich nich«, sacht Natalje. Ich sach: »Kanns du auch nich«, sach ich, »du dunkles Volk mit Strohdachgümnastum.« – »Denn äleuchte mir man ma«, sacht Natalje, »du Held inne Boddermelk, wenne Klümp dorut sünd.«

Ich sach: »Isses dein Horezont zugänglich«, sach ich, »dass unsenein

aus zwei Pötte was kriegen tut? Einma aus den vonnie Kaptalissen. Da muss mallochen für un wirs ummen Mehrwert beschissen. Un denn kriss was aussen Schtaatspott. Krankenhaus, Wohnunk ins Altäsheim un so.« – »Unnu kriegen wir Geld aussen Schtaatspott«, sacht Natalje.
Ich sach: »Beißen dir einklich die Hunne«, sach ich, »weil du so dösich bis? Kanns dir für das büschen ein Krankenhaus oder 'ne Wohnunk kaufen? Nee, kanns du nich! Kuck ma, den Schtaat komp bei un kassiät bei alle. Da baut ihm denn Krankenhäusers un Wohnungens für. Je mehr ihn bei die da oben kassiät, um so mehr kann ihm für uns tun.« – »Un füä die Beampen«, bölk Natalje.
Ich sach: »Un was is passiät«, sach ich, »bei den Scheiß-Schteuäkomponiß? Die da oben bezahln viel weniger, un wir ein büschen weniger. Un dafüä kriegen wir viel weniger Altersheime. Wir brauchen in fünf Schahre ne Rentnäwohnunk. Mit deine paa hunnät Mahk oder Piepen ins Schah mehr, da kanns weit mit kucken, abers keine orntliche Altenwohnunk für kaufen.« Natalje sacht: »Das muß ein scha ma gesach wern«, sacht sie, »wo soll unsenein sons da achtäkomm. Kuddl, ich glaub, du has rech, das hannelt sich nich um ein Schteuärefohm. Is woll mehr sonn ohrjentalsches Aufputschmittel, wo ich, wenn man das so auf länger bekucken tut, doch nich so viel von habe. Un wenn ich schon wannere ins finssere Tal, so brauch ich doch bald ein Rentnäwohnunk!« Nu komms du.

Vonnas Trimm-Dich-Ess-Peh-Deh

Öih, Macker, kenns die Geschiche, die ich belep hap vonnas Trimmen? Bei mir is damit nu Sense. Unsenein vetrimm sie tachtächlich, stündlich und rundherum. Da brauchs dir selps nich auch noch vetrimm. Da kommen schon annere bei un sorgen für das. Mein Natalje habbich das auch gesacht. Sie wollte da ers nix von ab wissen. Abers denn sacht Natalje: »Kuddl«, sacht sie, »denn machen wir ein Trimm-Dich-Programm für die Ess-Peh-Deh. So mit links einatmen, rechts ausatmen un so!« Nu komms du.

Un wiä denn scha los un bei. Mein Natalje sacht, daß alle großen Geisser die Meinunk ham, daß den Menschen sich nich durch Schnackerein, sonnän duchas Tun veännern tut. »Kuck ma«, sacht Natalje, »da muß denn noch was Ihdologsches bei, un denn stimmp die Richchung.« Macker, verstehs du das? Ich ers auch nich. Abers denn kam mein Natalje sie ihr Programm. Da kam ich da achter, so sutje un bei lütten, dassa was an is.

Willy den Erssen, Onkel Häbät, un Helmut den Zackigen, machen Kniebeugen und lesen dabei gemeinsam aussas kommunissische Mahnifess mit laute Stimme die Stelln übä Klassenkampf un so. Dem Takt gibb den dicken Klunkä an, indem ihm mit die linke Hand die Schriff vonnen ollen Mahrks »Lohn-Preis-Profit« von ohm nach unten bewecht un dabei »Rumf vohwäts beucht« machen tut. Ich sach: »Was?« sach ich. »Solln die bei sonne Turnerei noch was begreifen?« – »Nöö«, sacht mein Natalje, »dascha auch erssma nicht so wichtich. Wichtich is, dassie sich danach bewegen.« Nu komms du.
Tschä, Macker, düsse Übung von mein Natalje ließ mir nich ruhen. Ich hap denn auch ein erfunnen. Ihr süht so aus. Den gansen Pehtei-Vorstand wird mit vebunnene Augen, Bockshanschen an, kwer ducheinanner aufgestellt. Auf »los« da wickzen sie auffenander los.

Scheden nach seinen Stil. Den einen mit rechte Grade. De annern mit linke Hakens. Mal triffste. Mal triffste nich. Mal wirste getroffen. Tschä, un denn nehm wir ihr die Binne vonnie Augen un lassen ihr auf Panntschink-Bälle los, wo den Kohl, den Biedenkopp un so auf sünd. Kuck, Macker, so gewöhn wir ihr an, sich auch ma mitten Gechner zu kloppen.

Mein Natalje hält rein gahnix von düsse Übunk. Ihr sacht, dassas intänatschenale Kaptal keinen Kopp is, den du abmahln un wo du so mich nix, dich nix auf los wickzen kanns. Da muß ersma dein eigen Kopp tränіän. Kohl un so sünd man blots lüttje Pukers, die annie Krippe wolln. »Dascha abers nich den Punk as sochchen«, sacht Natalje. Nu sünd wir beide bei, Macker, und knobeln an eine Trimm-Dich-Übung für die Ess-Peh-Deh, die sich nich blots bewegen tut, sie nich blots das Polit-Bocksen beibrink, nöö, wir suchen nach was, das, was innie Köppe in is, trimmen tut. Wir suchen noch. Wenn du was finnen tust, Macker, denn schreib mir ma. Da machen wir denn ein vollstänniches Programm aus. Unter das schöne Woht: Wer die Grüzze nich trimp, bei den die Kasse nich stimp. Natalje sacht: »Wo dem Kopp nich regiän tut«, sacht sie, »könn die Fäusse nich treffen.« Nu komms du!

Vonnen inneren Kern

Öih, Macker! Es is ein ganz besonneres Gefühl un gehörn zu den inneren Kern von den Kern. So as ich das tun tu. Begreifst du nich? Isach ganz einfach. Kuck ma, das is so. Die Esspehdeh as soche ischa ein Volkspahtei, nich? Un sie ihren Kern is das ahbeitenne Volk, nich? Von Philip Rosenthal bis Kuddl Schnööf, von Nau bis Natalje. Un ehm den Kern vonnen Kern, das warn wir in Duisburg, die AfA (die Ahbeitsgemeinschaff für Ahbeitnehmerfragens).
Von den hattie Zehdehu gesacht, daß da die radekalen Sozalissen das Ruder innie Hand ham. Ein Glück, daß das so is. Sons geht mein Natalje bei sie ihre Jahre noch bei die Jusos. Un kuck, bei düssen Kern vonnen Kern war ich mit bei. Nu komms du!

Hein Kohnelissen sachte: »Du, Kuddl«, sachte er, »das war die beste Juso-Konferenz aller Zeiten. Hart auffen Puzz, un denn ganz ruhich mit die Wöhters.«
Wenn das so flutschen tut, als wir das wolln, denn ham wir morgen den Sozalismus mit Mitbestimmung oben un sinkende Preise unten. Ham wir alles beschlossen. Mein Natalje sacht: »Das kann allens gleich losgehn«, sacht sie, »bloß die paar Mackers vonnie Efdehpeh muss du noch bekehrn.«
Ich sach: »Du, Natalje«, sach ich, »is die Efdehpeh ers mal überstiegen, wen will uns denn noch widerstehn? Ins Tal der Zehdehu blühn Blüms.«
Natalje sacht: »Einen Blüm«, sacht sie, »macht noch keine paritätsche Mitbestimmung.« So isses, Macker! Wir brauchen Stimmen und keine Blumens oder Feilchen, die ins Verbohgene blühn tun.
Mein Natalje sacht: »Tschä, Kuddl«, sacht sie, »was habb ihr denn sons so gemacht, da unten?« Ich sach: »Och«, sach ich, »wir ham sie ma alle so richtich auffen großen Onkel gepettet. Vonnie Ähzte über die Bauän bis ... na ja, ehm alle vonnie Prifilegierten. Alle ham sie ihr Fett abgekrich.«

»Das war denn woll den großen Rundumschlach«, sacht Natalje, »mit das entfaltete Bannä vonnen Klassenkamff?« Ich sach: »Das hassu so gut gesacht«, sach ich, »so gut, daß ich das nich besser kann.«
Natalje sacht: »Un was is mit Ossi Paulig un sein Konsum-Polletik«, sacht sie, »wo den Macker sich nich annas Betriebsverfassungsgesezz halten tut?«

Mensch, Macker, issas nich gemein von sie un komm mit so praktische Fragen? Dabei hatten wir auffe AfA die richtiche Welt beschlossen. Mit große Mehrheiten.
Abers es ischa so mittie Mehrheiten, dassie ersma die Mehrheit vonnie Mehrheit wern müssen. Dassen banniges Schtück Aabeit. Tjä, un denn soss mit den Mehrheitswilln noch vonnie Tehorie zu die Prackzis. Da ham sie so viel Volk innie Esspehdeh in alle Etaschen, da kann sich die AFA glatt velaufen in. Ich glaub meiss, wir brauchen noch ein Kern-Kompaß. Wegen die Richchunk... Was meins du?

Vonnie noie Mitte

Mein Natalje sacht: »Du, Kuddl«, sacht sie, »wo liecht die Mitte?« Ich sach: »Bei dir?« sach ich. »Ooch, so ungefähr bei dein Bauchnabel rum.« – »In düsse ernssen Zeiten«, bölk mein Natalje, »habbich da kein Luss zu un hör' mich deine Blödeleins an. Ich mein das pollitisch!« Nu komms du!
Ich sach: »Pollitisch?« sach ich. »Pollitisch die Mitte? Tjä, mittenmang vonnas Einkomm vonnen Generaldirekter un einen Altrentner.« Natalje sacht: »Ich mein das noch pollitischer«, sacht sie, »innie direkte Polletik, wo liecht da die Mitte?« Ich sach: »Da liecht sie auch genau da«, sach ich, »blots da muß ein büschen mehr in Richchung vonnie Altrentner mittie Propaganda pussen. Denn innie direkte Polletik, da brauchs ab un an ma Stimm.« – »Da solln denn die Lütten«, sacht mein Natalje, »mit sie ihre Stimm die Polletik vonnie Großen stüzzen?« Ich sach: »Das isses Geheimnis vonnie Mitte«, sach ich, »abers das dahfs kein weiter sagen. Sons büss ein Linken un has schuld an alles.« Natalje sacht: »Wennie Schuld bares Geld sein täte«, sacht sie, »denn hättes je ma orntlich was aufs Konto.«
Natalja sacht: »Wo is die Linke schuld an?« Ich sach: »An alles«, sach ich, »so as fröher die Schuden unnie Radfahrers, so auch hoite. Da wir abers die Radfahrers mittie nich mehr vorhannene Geschwindigkeitsbegrenzung ausrotten wern, as es ohne Wolln un Wissen des doitschen Volkes damalige Zeit mittie Schuden so bummsdich vonnen braunen Himmel kommen tat, bleim blots noch die Linken. Den Helmut Schmidt hätte längs die Viehnannsen inne Reihe, den Vogel die Bodenspekulatschon abgeschaff, die Mitbestimmunk wäre längs paritätisch un vegessen, wenn die annän nich jümmers da über simerliern müßten, as wie sie die Linken rausschmeißen. Daher komp den ganzen Schiet.« Natalje sacht: »Kuddl«, sacht sie, »ich muscha schon bitten, dassu mir bei ernsse Sachen erns nimms.« Ich sach: »Ich nehm dir so erns«, sach ich, »as dir unsen Kopekenscheich Helmut un unsen Zeitunkscäsar Akkzel

ernss nehmen tut.«
»Raus«, bölk Natalje, »beleidigen laß ich mir nich.« Nu komms du.

As ich wieder reinkomm durfte, sacht Natalje: »Kuddl«, sacht sie. »Wa'um nehm die Sozis sie ihre eichnen Loite vierkant? Wa'um nehm sie die annern nich so, as die ihr nehmen?« Ich sach: »Indem dassie feine Loite sünd«, sach ich, »un blots die eichnen prügeln. – Bei die annern da müßten sie unnä ihr Niwoh gehn un Fremme innen Unterleib petten.«
Natalje sacht: »Abers wennie annern sie nu unterhalb die Mitte paun«, sacht sie, »Kuddl, was denn? Paun sie denn nich trüch?« Ich sach: »Bei die anneren?« sach ich. »Bei die anneren, nee, nein, nein.« – »Was sie denn machen«, sacht Natalje, »will ich wissen, du Dööskopp.« Ich sach: »Wenn die sie innen Unterleib gepettet ham«, sach ich, »denn sagen sie: Ätsch, ätsch, ich hab man gahkein!« Nu komms du!

Vonnie höheren Ziele

Du, Macker, sach es nich zu mein Natalje. Abers ich bün bei un vezweifel annie Menschheit. Man inne Tünn, hatte ich ein Krach auffe Ahbeit. Un weswegen? Von wegen die Menschlichkeit, wo wir mit Füße auf rumlatschen. Wir mit unse große Fresse vorwech vonnie Heilichkeit des Lebens. Wennas um Abtreibunk geht. Nu komms du.

Hier ging das um Austreibung: Da is ein Student. Araber. Ihn hat sein Diplom-Dingsbums gemacht un is Mitglied von eine radekale Pälästinenserogganisatschon. Die sünd gegen die Schuden und ihre eigenen Scheichs. Die ja meist große Knülche sünd.
Düsse Ogganisatschon hat den Innminisser as verfassungsfeindlich erklärt. Einklich kann das bloß das Bunnesverfassunksgericht. Abers was brauchs ein Gerich, wennu ein Minisser has. Den Arabermacker will hierbleim. Den hat nix verbrochen. Is abers innie Ogganisatschon. Hier wolln sie ihn nach Jordanien abschiebe. Da stecken sie ihn innen Knass. Denn kanns ihm auch gleich hier abmurksen. Abers das tun wir nich, indem wir das mittie Verfassunk und Menschlichkeit ham. Nu komms du!
Ich erzähl das auffe Ahbeit. Da sacht doch ein Kollege, ich bün woll für den Terrorismus vonnie Arabers. Ich sach: »Du dummer Mors«, sach ich, »wenn ich gegen Prügels wegen Dusslichkeit bün, bün ich denn für Dusslichkeit?«

Mit uns große Menschlichkeit schicken wir nu diese Arabers in ihre Heimatlänners, wo sie von ihre Landsloite gleich abgegurgelt wern. Das tun wir mit Steuermittels. Raus aus unse Republik un rein innie Todeszelle. Un denn kassiert Ämnestie internatschenal, den privaten Verein, den die politischen Gefangenen helfen will, Spenden bei uns. Damit wir sie ausse Todeszelle wieder rauskriegen.
So bezahln wir erssma Steuän, dassie innen Knass gehn, un denn

sammeln wir Knöppe, daß wir sie wieder loseisen. Un können so auf eigene Kossen dafür sohgen, daß wir in Vollbeschäftigung für die Menschlichkeit machen.
So, Macker, sünd wir denn jümmers dabei zu malochen für die höheren Ziele vonnie Menschlichkeit. Nu komms du.
Bei so was kann ich bannich fünsch bei wern. Jümmers tun sie so, wennu gegen den Feschismus in Schile büss, denn muß du für die roten Feschissen innie Tschcheessesserr sein. Das is abers mitnichchen andem. Euän Kuddl is patuh gegen Feschismus. Auch denn, wenn ihm demekratisch angemalen is. Is meiss nix anners as Sturheit un Faulheit. Un denn jümmers auffie Lütten zuers. Weil die sich nich so wehrn können. Abers über die annern die Klappe aufreißen bis zu ne Maulsperre, wenn die so unmenschlich wern, as wir menschlich sünd! Da hatte den Kollegen Jesus, weischa, sein Vatä wa innie Igeh Bau, schon was gegen. Er sachte: »Was siehst du die Leiche unnä den Vauweh deines Nächssen un nich die doote Femilje unnä dein Mähzediss?« Da hatte ihn völlich rech mit.

Vonnen Ess-Essismus

Mein Natalje sacht: »Das Öl«, sacht sie, »sorcht dafüä, daß mein Geld mich ausgeht un daß uns den Gesprächsstoff as sochchen nich ausgehn tut. Bei mir is den Ofen wenichsens bald aus. Un das in schedwede Beziehunk.« Nu komms du! Natalje hat nu den Ess-Essismus erfunnen. Das heiß: Schnööf-Sozalismus.

Mein Natalje sacht: »Bün ich gleichberechticht?« Ich Riesenkamel sach dem damalige Zeit: »Tschewoll!« Natalje sacht: »Un was dein is«, sacht sie, »is auch mein?« Ich merk die Müüs ümmer noch nich un sach: »Tschewoll!« Natalje sacht bazz: »Komm raus«, sacht sie, »mit die Pieselotten. Na, Kuddl, komm schon. Ein Mann, ein Woht.« Ich rück mit die Pieselotten raus. Seitdem bün ich praktisch finanzjell entmünnicht. Es ischa nich so, daß ich was auszustehn hab. So isses scha nich. Ich kriech einklich 'n ganz ohrntliches Taschengeld. Was rech is, muscha rech bleim. Blots zu sagen habbich nix mehr.

Unnu sacht Natalje: »Du, Kuddl«, sacht sie, »die großen Ölkonzähne, die sahnen schezz ab, habbich gehört – Ohlmann, betohl man –, un denn komm sie bei un lassen mittas Geld erfinnen, as wie du aussie Sonnschtrahlen ein Zentralheizunk machs, un denn machen sie damit noch ma ein großen Reibach. Issas wah, du?« Ich sach: »So ungefähr«, sach ich, »isses scha woll.« Natalje sacht: »Denn knöppen die mir nu meine Moneten ab«, sacht sie, »lassen was mit mein Geld erfinnen un knöppen mir denn noch ma meine Moneten ab. Issas so?« Ich sach: »Tschewoll.«

Was mein Natalje denn gesach hat, Macker, das sach ich nich. Da schenier ich mir für. Wenn mein Natalje auch nich unbedink 'ne Dame is, abers mit sonne Ausdrücke dahfs trozzdem nich über mich, Pahtei und Gewerkschaff in eins losziehn. Was zu weit geht, geht zu weit. Un das tat ihr ganz entschieden.

As ihr Luft holen mußte, sach ich: »Sach ma«, sach ich, »damalige

Zeit wahs du doch auch für ne freie, abers sozeale Wirtschaff un so, nich?« Natalje sacht, dassie dafüa wa, abers doch nich so! »Die Banditen«, sacht Natalje, »die darfs scha nich den lütten Finger gehm. Die nehm nich blots deine ganze Flosse, die reißen ein je noch den Ahm aus.«
Ich sach: »Dassis so«, sach ich, »as damalige Zeit mit mein Geld, was nun dein Geld un ümmer noch nich uns Geld is, nich?« Natalje kuck mir blots knapp an un sacht: »Düsse Beleidgunk, mein bessen Kuddl«, sacht sie, »die nimms du sohfohtens zurück. Bei uns is das ne trachbare Sache. Indem daß ich einen Menschen un einen anstännigen Karakter bün. Bei beides isses bei die da anners.« Nu komms du.

Ich hab das auch zurückgenomm. Fiel mich nich leich. Abers, Macker, as wie schon gesach: Was rech is... Ich glaup, bei lütten müssen wir bei nu den Ess-Essismus auffe Konnzähne anwennen.

Vonnen Nulltarif

Öih, Macker! Tschä, es geht mich schlech, indem ich krank bün. Ich liege damit die Lieplinkstätichkeit des doitschen Werktätigen ob un ruinieä unse Währunk. Zweitens sorch ich dafüä, daß die Ähzte sie ihre Freiheit behalten, die Ohtskrankenkasse zu ruiniern, indem ich dazu beitragen tu, daß sie ihr Einkomm noch schneller steigen tun assie Bodenpreise. Da'um hat den Hahtmannbund je auch gesach, daß ich die Freiheit behalten muß, mich den Ahz auszusuchen, den ich reichmachen will. So kanns ma as Ahbeiter noch annere Loite reich machen as deinen Unternehmer. Is'n hääliches Gefühl, wenichsens ma so an ein sozealen Aufstiech beteilicht zu sein. Hat je blots den Haken, dassu dabei ersma krank wern muss un dassu dir ausrechchen kanns, wann den Krankenkassenbeitrach wieder steicht. Von ein Nulltarif wolln die Ähzte nix von abwissen. Sie sagen, dasses schon schwer genuch is, un komm in Freiheit die schwere sozeale Flich nach ümmer ein Schweißfuß vonne Blinddahmreizzunk zu unnerscheiden. As Funzenähr, sagen sie, kanns das nich, indem sie denn ne anonüme Stelle vorschreim tut, was sie mit Seife un Puder un was sie mits Messer behanneln solln. Nu komms du!

Da kanns an sehn, wie wichtich die Freiheit mit kein Nulltarif is. Ich wer den Loderer von Metallveband, den Nachfolger von uns eisenen Otto, mal ein Brief schreim, daß wir Ahbeiters uns von anonümes Kaptal un so nich mehr vorschreim lassen, was wir aahbeiten solln. Denn soss ma belehm, wassu für Schiffe von Stapel laufen siehs. Das wird ne Kreuzunk von Vauweh un Gahtenbude.
Während bei mein Ahz sich ein anziehn un ein ausziehn tat, un Stücker zwanzich ins Wahtezimmer innas Ähzeblatt lesen konnten, dassie gegen den Sozealismus sünd, sacht den Macker: »Tschä, Hää Schnööf«, sacht er, »da ham wir also die Mänätschä-Krankheit.«
Ich sach: »Hää Dokter«, sach ich, »das steht Sie as selpstännich ge-

hobenen Mittelstand auch zu. Ehre wen Ehre gebüät.« Da sacht den Macker: »Nich ich hab die Mänätschä-Krankheit«, sacht er, »Sie ham ihr!« Nu komms du!

Un denn hat ihm da noch rumgetühnt von püschofüsischen Streß un so, den da an schuld is. Mein Natalje weiß auch nich, wassas is. Sie weiß ehm soviel as ich. Daß ich krankfeiän muß un auf Kuä soll, indem ich nich Krupp bün, den sie vonnen Schtaat zwei Milljonen in Mors stecken, damit ihn aufhört, den Famieljenkonnzähn zu ruiniän. Nee, ich soll weiter mallochen. Mir polliern sie auf. Mein Natalje sacht: »Das is mich ne sozeale Gerechchichkeit«, sacht sie, »du kriss die Krankheit von ein Mänätschä un den annern kricht das Geld as ein Mänätschä. Das Geld behalten und die Krankheit sozealisiän. Das ham wir gääne. Das is die ihrn Sozealismus, mit Freiheit für sie un Nulltarif für uns.«
Nu komms du. Ich glaub, Macker, das wer ich die führenden Kollegen da oben vonnen Metallveband auch noch schreim. Düssen Klassenkamf von oben wird tsche direk gemeingefährlich.

Vonnen Stuäm

Mann inne Tünn, da wascha einen Stuäm, da wa das Enne von wech. Wenna was Schwahz-Weißes annas Fensser vohbeifloch, denn wa das keine Zeitunk, denn wah das ne schwahzbunte Kuh. Daher den Name Kuhstuäm.

Den Stuäm hatte auch ein großes Zehdehu-Plekat umgekipp. Die abgebrochnen Stummels vonnas Gerüss rachten innie Gegend rum, un innie Schrächlage kanns nu lesen, dassie den Fohtschritt auf Stabilität baun. Mein Natalje hat richtich blöde gelach: »Den Fohtschritt wolln sie auf Stabilität baun«, sacht sie, »un den lankt das nich ma zu ein stabiles Plekat.« Nu komms du.
Ich sach: »Hör ma zu«, sach ich, »dascha woll unter dein Niwau un amüsiern dich über so was. Du büs doch den Bahzel auf ne Wahlversammlunk. Da hascha schließlich als Frau von ein bewussen Fachahbeiters noch ein Ruf zu veliän. Ich as sochchen möchte da'um gebeten ham.« – »Schulligunk«, sacht Natalje, »soll nich wiedä vorkomm. Abers, mein einzich geliebten Kuddl, wenn du mir noch einma mit den Bahzel vegleichen tus, denn kriss ein voon Lazz, daß dein klappriges Gebiß dich durch'n Dahm maschieät.«

Nu was abers Stuäm innie Küche. Kuck ma, da kanns an beleben, was ein polaresiäten Wahlkamff is. Wenn deine dich eheliche angetraute Olle dich 'n paa an Lazz bieten tut, wennu ihr mit Bahzel vegleichen tus, denn isses soweit. Das nenn wir mit ein echtes doitsches Woht »die Polaresatschon«. Natalje sacht: »Nu fehlt je bloß noch«, sacht sie, »das düssen vigelienschen Schleimer...«
»Bitte, Natalje«, sach ich. »Schulligunk«, sacht mein Natalje, »düssen Geschmieäten unner die Gesalbten, düssen Bierjung vonnen Schtrauß, düssen Springer-Knech, düssen...« – »Natalje!« bölk ich. »Schulligunk«, sacht mein Natalje, »asso, ich will je man blots sagen, daß den Mors nu die Regierung die Schuld an düssen Stuäm

gehm tut.« Nu komms du, denn ich konnte nur noch röcheln! Mein Natalje sacht: »Den Döösbaddel«, sacht sie, »seibelt da denn rum, dassas unter Adenauer blots Stuäme bis Windstähke zwölf gegehm hat. Es mußte ers die Regierung Brandt/Scheel komm, damit wir belehm tun, daß den Ohkan über Stärke zwölf rausgehn tut. Also, wenn ich den Kerl un denn noch den Strauß . . .« – »Nu is abers Schluß«, sach ich, »denk da an, du bis hieä nich annie Küsse, du büss jümmers noch eine Dame!« Mein Natalje funkelte mir an, ass wenn sie mir mit ein feurigen Blick aus ihre blauen Gletscheraugens vebrennen wollte. Sie sacht: »Schiet an Dame«, sacht sie, »nu tobt den Klassenkamff. Niedä mit Strauzel, niedä mit Springer un alle Kaptalissenknechte. Es lebe Willy den Erssen. Es lebe . . .«
»Gnade!« sach ich. Nu komms du. Wird Zeit, daß wir zu die Urnens latschen, damit das wieder ruhich wird, sonss kriegen wir pollitisch noch Windstähke vierzehn.

5. Schtaat un Gesellschaff

Vonnen hehren Mann

Mein Natalje sacht: »Du Kuddl«, sacht sie, »meinen Vettä Krischan Buä is auch nach Dohtmund zu die große Protessakschon vonnas notleidenne Landvolk hin.« Ich sach: »Nu stell dich ma voä«, sach ich, »was sonne Reise hin un zurück kossen tut. Denn denk dich da ma rein un ma raus. Un düsse Summe stell dich man in Teepunsch un Grogs vor dein geissiches Auge. Denn, mein liebe Natalje, denn kanns du ermessen, was Krischan Buä für ne Schangse buchstäblich verfahrn hat, sein bäueliches Elend tatsächlich zu versaufen.« Natalje sacht: »Da tut ihm trozzdem seit Schahrenden«, sacht sie, »un deshalp geht es ihn woll auch ganz gut.« – »Tschä«, sach ich, »scheden Tach besoffen is auch ein geregelten Lebenswannel. Un orntliche Zubwenzionens schährlich un geregelt, halten scheden Unnänehmer übers Wasser.« Innas Pantoffelkino schnackte den hehren Mann vonnie öbersse Schpitze vonnen Bauänveband. Er sachte, dassie ranwolln annie Marie un dassie das Vegleichseinkomm wolln. Abers keine sozalissische Gleichmacherein ham wolln, sonnän echches Unnänehmertum as sochches. Nu komms du.

Mein Natalje sacht: »Kuddl«, sacht sie, »wassen das? Vegleichseinkomm?« Ich sach: »Das is«, sach ich, »wenn die Bauän soviel verdien as ein Schrotthändler.« Natalje sacht: »Un wa'um wern sie denn nich Schrotthändlers, wenn sie doch Unnänehmers sein wolln?« Ich sach: »Sie wolln ehm Bauän-Unnänehmers sein«, sach ich. Natalje sacht: »Un ich will Onassis sein«, sacht sie, »bei vollen Lohnausgleich innen Krankheitsfall. Un wer küss mir?« Ich sach: »Kannscha auch ma siebzehntausend in Dohtmund zusammentrommeln für.« Natalje sacht: »So beknack is doch woll keinen un komp zu da denn hin.« Ich sach: »Sach das nich«, sach ich, »denk an Krischan Buä. Den will auch die tetale Mahkwirtschaff mit volle Preise nach ohm un abgeschottet nach unten. Völlige Unnänehmerfreiheit un sozealesiätes Risiko. Da komm doch 'n Haufen Loite

auffen Dutt, assu sehn und belebens kanns.«
Mein Natalje sacht: »Abers den Macker da«, sacht sie, »den bölkte doch, dassie vonnie sozalissische Gleichmacherei nix von abwissen wolln. Wa'um denn das nu nich?« Ich sach: »Das soll nach die Hektare gehn«, sach ich, »wen viele hat, den kricht viel. Un den Macker da, den hat orntlich welche annie Füße.« – »Dascha auch man blots krisslich«, sacht Natalje, »wen da hat, den wird gegehm. Abers, Kuddl, ham sie denn was?« Ich sach: »Innas lezze Schahr hatten sie gut fünf Milljahdens mehr.« – »Waaa...?« sacht Natalje. »Wen hat sie das denn gegehm?« Ich sach: »Du«, sach ich, »übä die Preise.« Natalje sacht: »Unnu?« Ich sach: »Nu ham sie so viel Schweine un Rinnfiechers«, sach ich, »dassie Preise sinken. Nu solln die Preise noch ma hoch!«
Natalje sacht: »Das solln sie man mal die Mackers von Vau-Weh erzähln«, sacht sie, »die sie ihre Klapperkissen auf Eis gelech ham, weil keine Autos gekauf wern. Denn solln sie da denn auch die Preise ehöhn.« Ich sach: »Das isses scha man«, sach ich, »das geht das blots um Aabeiters un nich um Unnänehmers, da'um triff die Aabeiters auch das volle Unnänehmerrisiko.« – »Nu komms du«, sacht Natalje, »die Aabeiters tragen das Unnänehmerrisiko, un die Bauän wolln es sozealisiän. Nu vesteh ich auch, wa'um die Bauän gegen den Sozalismus sünd. Was besseres as nu kann die je gannich passiän.« – »Unnie Macker von Vau-Weh?« sach ich. Natalje sacht: »Die komm da auch noch achter. Wird scha bei lütten Zeit.«
Nu komms du! Komm die da ma achtä oder nich?

Vonnen Wienand

Öih, Macker! Mein Natalje as sochche war ein einziches moralisches Ausrufezeichen! »Den Wienand muß wech«, bölk ihr, »ihn hat bestochen. Wo solln wir hinkommen, wennu die vonnas Volk ausgegangene Schtaatsgewalt stückweise zurück- un sammenkaufen kanns? Denn verlang ich, daß ich meine Stimme öffentlich vesteigern kann. Ischa unerhört, so was. Bei mich isses schtaatsbürgerliche Pflich, un die annern, die hökern damit. Un da wird Flich zun Geschäff aus Neigung. Nu komms du!«
Ich sach: »Ähgers du dir nu da'über«, sach ich, »daß Abgeordnete bestochen wern, oder ähgers du dir da'über, daß du nich bestochen wirs?«
»Über beides«, sacht mein Natalje, »und laß deine Fiesematenten, wennas um die Grundlagen von uns Schtaat gehn tut.« – »Wieso?« sach ich, »das geht doch um Geld!«
Ich sach: »Da kanns an sehn«, sach ich, »wie tief den Verluss vonnie Ostgebiete uns Volk getroffen hat. In Osspreußen, da wurde mit's Messer bestochen. War ein klarer Fall von Köhpävelezzung. Heute, in die Bonner Lüfte, wo den Rhein stinken tut, da bestechen sie dir mit die Brieftasche. Das ist ein unklarer Fall, indem das um Moral und Ehre gehn tut. Woher nehmen und nich stehlen? Heilich is das Eigentum.«
»Blots das nich«, sacht Natalje, »wassie dir durch Preiserhöhungens ausse Tasche holn.«
»Das is ganz was anners«, sach ich, »das is die Entfaltung vonnie freie Unnähnehmerinitschative. Das hat was mittie Grundlagen vonnas krissliche Ahmtland zu kriegen.« »Für mich is das klaun«, sacht Natalje. Nu komms du! Ich sach: »Innas übrige«, sach ich, »is Geben seliger denn Nehmen. Und den Wienand soll doch gegeben ham un nich genommen.«
»Abers von mir un vonnie Lebennigen nehm sie das«, sacht Natalje.

Ich sach: »Das isses ja man«, sach ich, »du merks eben, dassu zu die Seligen gehörst. Un weiss es nich zu schäzzen.«
»Bezüchlich Wienand«, sach ich, »isses doch so: Wo allens sticht, kanns Karl allein nich lassen. Das sacht schon Schiller in Don Schwurhand. Und unsere Ehre und Moral sünd so stabil as unse Währung es is: Vier Prozent Verluss is das Minnesse.« Nu komms du!
Das Lezze, Macker, tu mir den Gefalln, das muß unter uns bleim. Dein Kuddl kricht sons Krach mittie böberen Inschtanzen. Wenn die da achter komm, daß ich denken tue, unse Zittlichkeit hat was mit die Inflatschon zu kriegen, denn gehn die auf mir los. Die gehörn auch zu die, die sich blots annie Lütten rantraun. Bei die annern ham sie Schiß. Auch die Gerechchichkeit hat sinkende Kurse un steigende Inflatschon. Un denn, Macker, sach auch keinen, dassas was mittas Süschtem as sochches zu kriegen hat. Ich hab kein Luss, un komm noch wegen Verrat von Schtaatsgeheimnisse vor Gerich. Un das in meine Schahre! Ehrnwoht?

Vonnie Gesellschaffspolletik

Es nuzz scha nix, Macker, wir Ollen müssen wieder ran. Wo nu die Massendemekratie auf breite Front entfaltet wern tut und die Loite alle sagen tun, daß wir weniger Autos, das eigene ausgenomm, ham wolln, indem dassa unse Schtääte sons an kaputt gehn, wir dafüä mehr Lehrers ham wolln, damit unse Kinner schlauer wern, as wir es sünd, und nu blots noch das Problem as sochches in Raum steht, as wie wir die Lehrers so schlau machen, as wir mein, daß wir selps es schon sein sollten, in sonne großen Augenblicke, wo die Geschichte un Häbät Wehner den Atem anhalten, da müssen wir wieder zu Vesammlunk. Dösiger kanns da scha nich von wern. Un ich un mein Natalje denn scha los. Schtatteilvesammlunk vonnen Veband. Igeh Metall alle voran. Nu auch inne Schtatteile un nich bloß mit achkommafünf Prozent Lohnerhöhunk achterran.

Allns was rech is, den Macker, den da schnacken tat, den wa nich schlech. Nöö, er hat ihr alle richtich abgemalt mit den unumschränkten Kaptalismus annie Spizze. So as das frühä schon wa. Kanns einklich blots sagen, dassie Scheiße bei höheres Einkomm noch größä un die Frempwohte bei den Referenten mehr geworn sünd.

Sons issas allns so as früher. Bis auffen paa Neuichkeiten. Vor alle Dinge hatte ihn das mitte strukturjelle Gewalt zu kriegen. Mein Natalje stöß mir an un sacht: »Kuddl«, sacht sie, »wassen das nu wieder?« Ich sach: »Klappe«, sach ich, »moser hier nich innen Vortrach rein, hör zu, denn weiß das.« Nach zehn Minuten stöß mein Natalje mir wieder an un sach: »Kuddl«, sacht sie, »ich hap es. Strukturjelle Gewalt is, wenn es in Kaptalismus so laufen tut, as die Kaptalissen es wolln, und sie selps brauchen da gan nix zu tun zu. Das läuf ehm so.«

»Richtich«, sach ich. Natalje sacht: »Du, Kuddl«, sacht sie, »wa'um komp den Macker denn mit sonne Wohtungetüme an un sacht nich:

Dee Dübel schitt oppen grooten Hupen?« Nu komms du. Ich wurde nu richtich fünsch. Ich sach: »Nu sabbel doch nich ümmer da mang«, sach ich, »abers erssens, das is wegen Wissenschaff un Billunk, un zweitens wegen die Analüse un drittens wegen das Nivoh. Un nu höä zu.« Das wurde da auch Zeit zu, denn den Macker davone, den holte nu zu den lezzen venichchenden Schlach aus. Er sacht, indem daß das so is, as es is, wie ihm selps dascha unter anneres ganz richtich ausgeführt hat, müssen wir nu beikomm, ne noie Schtrategie un Taktik uns in ein kühnen Wuäf zusammenschustern.
Ihn tat denn auch gleich Kanehl an Reis un sacht, dassie Aufgahm von eine so große Gewerkschaff as sochche un unse sich nich dabei hinhuken kann, innie Nase puhln un dann un wann ma die Löhne erhöhn. Da isses nicht mehr getan mit. Nee, sacht er, wir müssen uns fix an Riem reißen, uns as Gegenmach entwickeln und denn Hals über Kopp rein innie Gesellschaffspolletik. Näheres folcht denn innie nächsse Schtatteilvesammlunk.

Reichen Beifall lohnte den Rednä. Un denn steht Peter Kornehls auf un sacht, dasser das Referat je gans richtich gefunnen hat. 'n büschen mehr hätte ihn gääne vonnie nächsse Lohnerhöhunk gehört. Gegen die Gesellschaffspolletik is ihn gans un gah. »Von Soraja un so«, sacht Peter, »da mach ich nix mehr sehn un hörn. Die könn mir alle begrasmeiern.«
Nu komms du!

Vonnen Kaisä Levi

Mein Natalje sacht: »Nee«, sacht sie, »nee, wassen Glück die Menschen heutzutage ham. Ers singen sie ein halbes Schahhunnät, dassie den ollen Kaisä Willem wiederham wolln, un bumms, ruckzuck, schon ham sie wiedä ein Kaisä. Wenner auch nich Willem heißen tut, sonnän Resa Pachlevi, abers, immerhin, is einen Kaisä. Un allns mit uns Geld, für uns Geld.« Ich sach: »Da mach ich kein Wizze übä machen«, sach ich, »da is mich den Laden zu erns zu. Ers uns Geld übä Öl kassiän un denn uns Innuschtrie dafüä kaufen. Nee, das geht mich zu weit. Schiet an Kaisä! Wir wolln Krupp wiederham.« Natalje sacht: »Ich höä jümmers *uns* Innuschtrie«, sacht sie, »du Mors; dien is, wat de Hund schitt. Un wenn das auch dein is, so wa Krupp noch lange nich uns. Wir hatten ihm nich. Abers ihm hatte uns. Unnu kricht uns ehm ein annän!« Nu komms du.

Macker, bei sonne kalte Schnauze, da laufen unsenein die kalten Gräsen bei übän Puckel. As alten Sozealdemekraten has dich doch aus alle Zusammenbrüche noch'n büschen Nazzenalgefühl gerettet, nich? Un wenn Krupp auch den Feind vonnie ogganisiäte Ahbeitäklasse un ein großen Mors wa, damalige Zeit, denn wa ihm doch wenichsens noch irgendwie *unsen* Mors. Zeihunk, ich mein, wir wahn sein. Nee, auch nich! Ich mein... ischa auch egal. Wenner uns auch fix ma konnte, nich, was ihn scha nie tat, as sochchen, abers unsen wa ihm ehm doch. Auch wenn Krupp nich uns wa. Unnu? Nu ham wiä ein fremmen Mors. Wir hörn ein annän zu. Auch wennas ma wiedä ein Kaisä is. Da kann unsenein nich so schlankweck mittie linke Hand übä wechgehn.

Mein Natalje kann. Sie sacht: »So kaputt un so kaputt«, sacht sie, »ob sonn intänazzenahlen Ölkonnzähn oder sonn kaisälichen Levi, is doch Jacke as Hose. Dußliche, die für ihr mallochen müssen, indem die Dußlichen die Piepen unnie annän die Profite brauchen, die finnen sie ümmä. Wennich mein Zahnahz mit meine Beiträge so fett machen dahf, daß ihm sich ein Bürohaus baut; das leerstehn tut, wa'um denn nich auch ma einen Pähsä? Denn brauchen sie nich ers bei uns Medissin schtudiän un denn mit Teppiche hanneln. Nu könn sie gleich vonnie Dividenne lehm.« Ich sach: »Nöö«, sach ich, »die doch nich. Von die du schnacks, die hörn doch zu deine Dußlichen unnä die Pähsä. Die ham doch blots kapiät, daß zehn Minuten Hannel mehr einbrink as zehn Stunnen Ahbeit.« Natalje sacht: »Kuddl«, sacht sie, »es liecht je klah auffie Hand as Kloßbrühe: Wir müssen die großen Kaptalissen annie Wäsche. Un das furts un sohfoht!« Ich sach: »Denn man auf«, sach ich, »nach Teheran un Nujohk.« Da sacht Natalje: »Du has woll 'n Klappä«, sacht sie, »bei die Reisekossen heutigen Tachs?« Nu komms du.

Mit ein direcke Akschon von mein Natalje aus is also nix. Da stehn die Reisekossen gegen. Da kanns an sehn, Macker, irgendwie wa den Krupp *doch* unsen Mors. Irgendwie. Wir hätten ihm wenichsens zu fassen kriegen könn. Wenn wir gewollt hätten. Damalige Zeit. Den Kaisä Levi könn wir nich. Odä wir könn ihn alle...

Vonnen Schtaat

Öih, Macker! Weiss du, was Schtaat is? Mach nix. Ich auch nich. Selps mein Natalje weissas nich. Un die weiß einklich alles un besser. Irgendsonn Kollege mit Scharlach in späte Schahre hat mal gesach, ihm is das kältesse von alle Ungeheuers. Das war vor Hitler un Schtalien. Den hatte vielleich ne Ideh vonne Ahnunk. Sodbrenn hatte ihm, sons nix. Abers keine Ahnunk vonnen mohdänen Schtaat as sochchen. Noch ein annern Macker hat ma gesach, ihm is die sittliche Ideh. Nu komms du! Sonn Kollegen müssen sie gleich die Sitte überweisen. Die kontrolliert die paa Nutten. Abers sonn Macker, den sonne Ideh vonnie Sitte hat, den lassen sie glatt frei rumlaufen. Kuck ma, so appeldwatsch fänk das schon an. Mit den Schtaat.
Indem dassich krank geschriehm bin un as werktätigen Menschen nu endlich ma tun kann, wassie Unternehmers innie schrumfenden Brangschen bloß noch machen: Krankfeiän un vonnen Schtaat aus sozeale Grünne Geld kassiän – mit *ein* großen Schietunter. *Ich* hab ümmer dafüä bezahlt – da komm ich zu'n Lesen. Macker, lesen muß den Menschen. Sacht mein Natalje auch. Denn brauch ihr das nich selps zu tun. Da hat sie mir denn für. Nu komms du.

Und wenn du denn so lesen tust, Macker, denn komm dich Einfälle as ein altes Haus. Wa'um hassu geahbeitet un nich Büchers geschriem? Man inne Tünn, das issen Lehm! Prima, sach ich dir. Auffe Aahbeit is Scheiße. Da nimmt den Kalfakter dein Wähkstück, tut das Dings inne Mikrometäschraube un sacht: »Murks!« Bazz' bis an Mors. Wennu Büchers schreibs, isses anners. Brauchs blots ein Doowen, der dir druck. Den finns ümmer. Wennu teuä genuch bis, denn machen sie dich mit große Reklame zum Bestsellä, as den Fachmann sacht. Denn schmeißen sie das gute Geld das schlechte Buch achterran. Un sonne Idioten, die Büchers lesen, as ich, die kaufen den Schiet. Billunk tut not. Nu komms du!
Tschä, un da lies du denn vonnen Schtaat, was Loite von ihn meinen

tun, die auch nich wissen, wasser is. So as ich un mein Natalje. Da finns du denn Mackers, sonne, die ihm äobern wolln, damit sie die börgähliche Ausbeutunk duch ihre eigne besser ersezzen könn. Du Dämlack soß ihr dabei helfen. Das sünd die Leninissen. Denn gibb das Kollegen, die wolln ihm mit Rupp un Stupp abschaffen. Das wahn Leninissen oder wern welche. In düssen Momang, wo sie so was schreim, sünd sie Annaschissen. Wenn die den Schtaat, den das denn nich gibb, regiern tun, was auch nich an dem is, weil schedenein so loswuzzelt, as es ihn in Kram passen tut, denn sezz ich mir in kein Straßenbahn mehr. Wen weiß, ob bei die die Unfallvesicherunk funkscheniät?
Denn gibb das die Mackers, die wolln die Gegenmach zu ihm billen un wissen nich, wasser fürn Mach is. Abers sie sünd gegen. Dascha schon ma gut. Un das is die neue Linke. Un denn ham wir Ackzel Springer. Den is fürn stahken Schtaat. Wenner das tut, was gut is für Ackzel. Sons is ihm Scheiße. Weil das mit seine Ohdnunk denn nich hinhaun tut.

Tscha, Macker, un denn ham ich, mein Natalje un du noch die Sozis. Mit uns Willy annie Spizze. Die sünd fürn sozealen Schtaat. Sie wissen auch nich, wassas genau is. Abers dafüä sünd sie. Nu komms du. Brauchs blots wähln. Is ganz einfach. Denn den Strauß un seine Kulissenschiebers, die wissen das, was den Schtaat is. Sie sagen das blots nich. Abers wenn sie das ersma laut sagen könn, denn komms du nich mehr. Denn has du nix mehr zu sagen. Denn komms du nich mehr.

Vonnen Rechsschtaat

Mein Natalje lechte die übäpahteiliche Zehdehu-Zeitung auffen Tisch un balläte mit sie ihre Fauss auffen selben. Macker, wenn Suppe auffen Tisch gestannen hätte, die Klümp wärn innie Gahdiens gesprungen. Es stand abers nich. So hüppte blots die Krüschtallwase. Natalje sacht: »Es is die Höchde!« sacht sie. Ich sach: »Höa auf Helmut den Erssen«, sach ich, »bei die annän isses noch höherer mit die Preise. Uns geht es so allns in alles, un bummlich bekuck, jümmers noch an bessen.« – »Ruhich, du Dööskopp«, bölk Natalje, »in düssen Fall nich. Bei Nazis sünd wir immer noch führend annie Schpizze. So auch hieä!« Nu komms du.

Asso, Macker, es wa bezüchlich schenen Affziä vonnie Bunneswehr, den damalige Zeit as Obermacker vonnie Ennpedeh sonn Schreiben losgelassen hatte, daß mit Willy un sein Osspolletik den großen Ausvekauf von nazzenale Würde un Gebiete losgegangen is. Un daß alle aufrechten Doitschen den Helm fesserbinnen solln, indem wir ohne Kopp duch die Wand duch müssen. Un spennen für sein Pateih sollten wir auch. Weischa Bescheid, nich? Mit die heilichsten Gütää vonnie Natschon fänk das an, un bei dein Pottmaneh hört das auf. Wennas da bei aufhörn tut. Es kann dir auch auffas Feld der Ehre, das Schlachthaus der Ehre vonnie Generale führn, wo denn den Kriech stattfinnet, den entweder sie gewinn, odä den das Volk veliän tut. Asso, den Kollegen mit seine Schnacks hatten sie auch innen Bunnesstach vors Brett un krichten ihm zu ein Dissiplinahvefahn. Unnu steht innie Zeitunk, dasser das dahf. Das sacht das Vefahn. Mein Natalje wa rein aussie Tüte.
»Es is ma wiedä soweit, Kuddl«, sacht Natalje, »as bei Ebert un as innie ersse Repeblik. Den Faschismus erhep sein Haup, das blutige.«
Ich sach: »Nu ma vonnas Blut von abgeschnitten«, sach ich, »die Masche mit die Sozis as Lannesverrätä, so as bei düssen Macker, is

doch ers ma dämlich. Wenn wir das nich mit die Veträge vesuchen, denn fahn sie doch mit uns Schlitten, as nu mit die Macker auf Zühpän.« Natalje sacht: »Un in düssen Fall«, sacht sie, »wackzen Dummheit un Blut auf ein Holz. As wir belep ham.«
Ich sach: »Hassu nich gelesen«, sach ich, »daß Stoltenberch den Ennpehdehmacker, Reinganz, den damalige Zeit innen Landtach sachte, dassie Aabeiters dumm sünd, weil sie nich Krupp geworn sünd un dasses diesbezüchlich keinen Sinn hat mit die Billunksrefohm, indem dußliche Alte bloß dußliche Junge ham, tschä, dasser den zun Obästudjendirekter gemach hat?« – »Sach blots«, sacht Natalje.
Ich sach: »Nu nüzz das nix«, sach ich, »mit Oors aufreißen un sonne Sachens. Das hätten wiä früher machen müssen. Damalige Zeit.«

Natalje sacht, dassie das nu nachholen will. Ich wer die noien, ollen Nazis einen Wahnbrief schreim. Mein Natalje as sochche is instande un mach das. Un denn? Denn is ihr an Mors, denn ham sie ihr annie Büx. Bei die Verkehrten da funkzoniät den Rechsschtaat. As schon ümmer.
Abers, Macker, wennas so komp, as wiä hoffen wolln, dasses nich komp: denn, denn sollten – wir aber wirklich ma ... ein für allemal. Hol mi fass, ick riet mi los!

Vonnen Ahläs

Öih, Macker! Mann Chottes! Noilich sacht doch mein Natalje: »Kuddl«, sacht sie, »kenns du Ahläs?« Ich sach: »Ahläs«, sach ich, »Ahläs? Klah, Weip ohnegleichen, kenn ich. Das is doch den Krabbenfischer aus Büsum. Fein Kääl. Plietschen Koop.« Sacht Natalje: »Denn mein wir«, sacht sie, »ma ganz abgeschnitten vonnie lezzen Bemähkungens, nich denselm.« Ich sach: »Isses woll die Möchlichkeit.« Natalje sacht, sie meint den mittie Äbsen innie Nase. Den mittie graumelljierte Biddelfrisuä abers mit Pommade angeklatsch un gescheitelt. »So was kenn ich nich«, sach ich. »Doch«, sacht sie, »kenns du. Den vorichten Bunnespresseschnacker. Den so gut wa, dassie die Effdehpeh den Possen nu gleich gegehm ham.« Nu komms du! So was soll ich kenn. Kenn ich abers. Bezahlt innie selbichte Pahtei Beitrach as ich. Nu komms du noch ma!

Ich sach: »Aachsooo«, sach ich, »*den* meins du. Tschewoll. Ihm kenn ich.« – »Un du schäms dir nich«, sacht Natalje, »büs unnä die Ääde? Is in *dein* Pahtei.« As seitdem mein Natalje Altersehrenpräsident vonnie Schungsozealissen is, schnack sie blots noch von *mein* Pahtei, wennas was zu kritisiän gibb. Wenn sie mir, was auch ma vorkommp, gut finnet, denn sacht ihr »uns Pahtei«. Nu komms du!

Ich sach: »Was heiß hier *dein* Pahtei«, sach ich, »büss du da denn nich auch in un bezahls deine Piepen? Gewonn aus mein sauän Aahbeiterschweiß as sochchen? So was steht dich nich zu. An sie rummäkeln, as wennu nix damit zu kriegen has, was in sie los is, das steht blots sie ihrn erssen Vorsizzenden zu. Dich nich, mein Besse. Du bis Volk. Unnie Pahtei desselm isso gut un so schlech, as das Volk es zulassen tut.« – »Arrharr!« sacht Natalje.

Mein Natalje sacht: »Den Ahläs«, sacht sie, »den hat innie mehr weltliche as krissliche Zeitunk geschriem, daß du dir demnächs spalten tus.« – »Mach kein Kwatsch«, sach ich, »bün ich Kuddl oder bün ich ein Atom? Mit so was könn sie so was machn. Abers mit mir

doch nich. Ick bün ick.« Natalje sacht: »Du wirs dir noch wunnern«, sacht sie, »den Ahläs schreip, dassie Linke innie Esspehdeh sich spalten tut. In sonne, die Veantwohtunk tragen wolln, un in sonne, die nich.«
Nu komms du.
Ich sach: »So was nimp den innie Kugel vonnen Schreiber«, sach ich, »das nehm ich nichma auffie Schaufel. Ich wa unner Wels schon dagegen un hab Hinnenbuch as Reichspräsidenten unner sonn Zähneknirschen gewählt, dassich hoite noch seit damalige Zeit Goldplombens auffe Kauwähzeuge ham tu. Unnu soll ich mir selps spalten? Da ischa das Enne von wech.« – »Ihm schreib das abers«, sacht Natalje.
Ich sach: »Kuck ma«, sach ich, »das muss du vestehn. As wir noch die Salzheringe vonnie Awo veteiln taten annie Mackers, die sich sie ihre Unifohms aussen lezzen Kriech noch nich umfähm lassen konnten, da wa den schon innas Amp Blank un baute die noien Unifohms. Den is ohm noch kaisertreu, trächt innie Mitte Ziwil, hat Gamaschens annie Waden un hat annie Füße demekratische Pantoffel. Verstehs du das?« Natalje sacht: »Verstehn«, sacht sie, »tu ich alles. Abers ich kapier das nich. Kuddl, sach ma, is das den Pluralismus innie Gesellschaff, von den sie alle kwasseln un kein ein weiß, wassas is?« Ich sach: »So ungefähr«, sach ich, »maches tscha woll sein.« Natalje sacht: »Loop un Dank sei ihm«, sacht sie, »von Ahläs an weiß ich, was Pluralismus is. Kaisertreu, Ziwil, Gamaschens, Filzpantien. Ahbeiterbewegunk aus Springers seine dünne Suppen. Das komp dabei raus, wenn ein innie pollitische Nachholstunne laut denken tut.«
Nu komms du!

Vonnen Löwenthal

Öih, Macker, ich bün zu Einssichen gekomm, die dahf ich mein Natalje je gan nich sagen. Die schmeiss mir glatt raus. Die kann ich blots den Löwenthal vekaufen. Abers dir, Macker, erzähl ich das. Bleib doch sizzen! Nich gleich stiften gehn, wennu blots Löwenthal hörs. Wen Strauß mit annie Schpizze hat, dahf Löwenthals Schlangengrube nich fürchen.

Asso, Macker, ich hab drei Tatsachens zusammengezählt un bün auf den dollen Trichter gekomm. Ersse Tatsache: Nach den Verat vonnen Guhjohm wird nu die Tumpichkeit vonnie Geheimnisse veraten. Weil einen Schreck selten allein komp, ham wir da gleich mehere von. Die befassen sich mittenanner. Sie fummeln höchsens noch innas Liebeslehm vonnie Pollitikers rum. Damit die Mackers vonnie Illuschtriäten nich so viel selps ahbeiten müssen bei sie ihre Nachpopeleien. Klah? Klah!
Nu komp die zweite Tatsache, Macker. Einen Gelehrten nimp was aussie Erpanlagen raus un sezz das wieder ein. Nu komms du. Wennu einen aufrechchen Karakter has un wiß ein Gör ham, das in höchsse Possen kommen soll, denn läss du dir un deine Olle den Karaktä rausnehm, bevor du mit ihr innie Betten gehs. Un, bums, einen Generaldirektä wird geborn.
Tööf man ab, Macker, nu komp die dritte Tatsache. Die schtannesbewussen Ähze sehn sie ihre Freiheit in schwersse Gefah. Bis nu konnten sie so frei sein un sich selps aus deine steigenden Kassenbeiträge finanzjell gesund kuriän. Unnu wolln die da oben die Ockzen das Maul vebinnen. Wir solln nich mehr alleine Ockzen sein. Makker, bleip doch sizzen. Zu den Löwenthal komm ich nu. Denn in düssen Momang, Kollege, is den Punk erreich, wo die drei Tatsachen in Löwenthal umschlagen. Nämlich innen Siech vonnen Kommenissmus. Nu komms du!
Paß ma Obach, das komp so. Um die Geheimdiensse zu veeinigen,

wern wir noch ein Geheimdienss grünnen. Zwei die Bude dichmachen un blots noch ein lassen, geht nich. Sünd Beampe annie Schpizze. Und denn? Denn wern sie sich nich ma mehr mit Liebeslehm, sonnern blots noch mit sich sölben zu kriegen ham.

Die Ähze, Macker, wird sie ihre Freiheit genomm. Glaubs du nich? Eine Krähe hack die annere keine Augens aus? Kann abers ma passiän. Den sozealen Rechsschtaat steht noch innie Vefassunk. Tschä, un denn gehn die Ähze innas Lagä vonnie Unfreiheit ein.
Unnu, Macker, düsses sezz das Faß die Krone im Gesich. Die unfreien Ähze nehm die Doitschen den Freiheitswilln aussie Erpanlagen. Ham sie nich viel zu tun? Abers sie nehm auch noch die Liebe zu Profit un Dividenne! Sie stehn unnä das Berufsgeheimnis, unnie Geheimdiensse könn ihr nich enttarnen, weil sie sich untereinanner innie Wolle ham. Wassa bei rauskomp, is klah. Den Abmarsch innen Kommenissmus is nich aufzuhalten. Schuld hat die sozeal-liberale Regierung. Nu komms du.
Allns Schiet un Kanehl? Allns Kwatsch, sachst du? Du wirs dir wunnern, den Löwenthal nimp mich das ab. Den lep von so was!

Vonnas den Helmut Sagen

Mein Natalje sacht: »Kuddl«, sacht sie, »was wird denn nu mit die Reformen?« Ich sach: »Was mit die werden tut«, sach ich, »das mussu den liehm Gott fragen oder Helmut den Erssen. An bessen frachs du abers den liehm Gott. Den weissas an bessen.«
Ich wer mir hüten un sagen was, wo sie in Bonn die Minissers man knapp innie Reihe und an Zügel ham. Schließlich habbich zwei Weltkriege mitgemacht, wa bein Kommis un bün Sozi. Denn weissu, was Dissiplin is.

Natalje sacht: »Kuddl«, sacht sie, »wollten sie die Refohms so blots aus Jux un Dollerei? So, as bei die Bodenrefohm, wo nu die Gemeinden mit die Spekulantens die Gewinne teilen? Oder wollten sie nu ma, waaraftichen Gotts, mal was veännän?« Ich sach: »Wo ich nu nich gesacht hab, wo kein es besser wissen tut, dem Helmut oders dem liehm Gott – unsenein will sche keinein beleidigen, nich – bün ich nu ma die Ansich as sochche«, sach ich, »die wollten tatsächlich ma was veännän. Soogah sich selps.« – »Kuddl«, sacht mein Natalje, »grade in ernsse Zeiten muß unsenein bei die Waheit bleihm. Du as sochcher, du muss auch bei diesölbe as sochche bleihm!« Macker, nu komms du! Ne Femielje, un grade wennes die eichne ist, is nu je ma kein Wahlversammlunk. In die kann den Schmitt. Hieä muß ich. Ich mein, innie Femilje.
Ich hab denn mein Neeslöckers hochgebohrt, bis ich annie Rinde vonnas Großhirn rangekommen bün. Un, es stimp: Bohret, so werdet ihr finnen! Macker, ich tret noch wieder innie Kirche rein. Ihr hat jümmers sonne schlauen Schnacks auf Lager. Stimp nie so ganz. Abers stimp doch so, irgendwie. Ich finde was.

Ich sach: »Kuck ma«, sach ich, »die großen Kaptalissen knacken uns nu das Dings auf, mittie Preisehhöhunk bei Öl, Benzin un sonne Sachens. Un wir solln sehn, un komm damit zurech, nich?« –

»Komm wir nich«, sacht mein Natalje. Ich sach: »Un denn gehtas los«, sach ich, »bei die Autos. Kein Schwein kauf mehr Autos. Kaufen Fahrräders. Un denn gehtes los bei die Teckstielen. Sie ihre Reizwäsche kaufen sie in Honkonk. Un unse Mackers gehn bei Stempelmann un Söhne. Un denn...« – »Kuddl«, sacht Natalje, »hör auf. Noch sonn Enne weitä, unnie Beampen haun Bäume um, damit sie, erssens was zu heizen un zweitens noch was zu tun ham. Keinen Menschen hält ein Büroschlaf von ach Stunnen nehmbei aus.« Ich sach: »Du has die Kataschstrofe«, sach ich, »genau innie Pupille.«

Natalje sacht: »Un den Helmut«, sacht sie, »den sieht das nich?« Ich sach: »Ihm sieht das woll«, sach ich, »abers ihm sacht das nich!« Natalje sacht: »Den Macker«, sacht sie, »muß sich endlich ma da an gewöhn, dasser das nich blots mit Minissers zu kriegen hat, sonnän auch mit Loite mit gesunnen Menschenvestand.« Macker, nu komms du. Sachs du das den Helmut?

Vonnie Korrupschon

Öih, Macker! Issas bei dir auch so, dassu deine pollitische Büllunk aussas Pantoffelkino krichst? Bei mein Natalje und mich issas andem, indem du ausse Bildzeitunk je blots rausbuchstabieren kanns, was du denken soss. Und da is bei uns beide innen Wahlkampf, wo den nich vorhannenen Klassenkamff stattfinden tut, hohe Kante. Bei mir nich. Und wenn doch, denn nich so!

Da hamse doch in Panerama, weischa, wo den Merseburger in is, den Macker, der so aussieht as ein fuchtigen Wellnsittich, un den sie woll mit ein Kleidäbügel in sein Schakett jümmers so schief innas Bild hängen tun, da ham sie doch in Panerama über die Ahbeitgebers was gebracht. Also wie die Ahbeitgebers die Zehdehu mit Penunse unter sie ihre krissliche, pollitische Engelsflügels greifen tun.
Ischa klah, von nix komp nix. Steht je schon innie Bibel: Geb den Bahzel, wasses Bahzels is, un geb den Kaptalissen, wasses Kaptalissen is; denn, wen wenich hat, den soll auch das noch genomm wern. So ähnlich heissas doch innas schöne Buch. Und so fällt denn uns Willy inne Löwenthalgrube. Mit die Korrupschon un so. Denn, Macker, Korrupschon is, wenn du dir dabei erwischen läß. Sonss sünd das alles ehrenwerte Leute: Zöllners, Farisehers un Schriffgelehrte! Tscha, un da komm die doch gleich in Panerama bei un kriegen die Mackers vonnen Ahbeitgeberveband auffe Mattscheibe, die auch in ein unnie selbe Peson noch was anneres sünd: Vorsitzenden vonnie schtaatsbürgerliche Vereinigung. Un die, die sammelt das Geld vonnie Kaptalissen. Mit die nich so weit laufen müssen, um sie ihr Geld loszuwern, issas Büro vonnie Ahbeitgebers nu sie ihre Spendenstelle gleich innas selbe Haus in Rensborch.
Un das Geld, Macker, das krich die Zehdehu. Nach das Motto: Sehet die Krissdemekratens: sie säen nich, sie ähnten nich, un die Kapitalisten ernährn sie doch. Nu komms du!

Den Obermacker von den Schleswich-Hossein, den sacht doch, Zaster kriegen die, die sie weltanschaulich nahe bei sünd. Marks Müüs, Macker? Die Weltanschauung von ein Unternehmer steht in seine Bilanksen. Tschä, un nahe bei die, da steht die Zehdehu. So issas.

Wie sachte noch den ollen Lehrer Piepenbrink? Wess Brot ich eß, des Lied ich sing, sachte ihm. Profite hoch, die Reihen fess geschlossen. Un vonnie Profite zehrt die Zehdehu so mit.

Nu komms du.

Damit, Macker, will ich nu – Gott sei bei mich un bewah mir – nich behauppen, dassas Korrupschon is. Nöö! Ich kriech je auch Geld für meine Aabeit. Un ich will auch nich behauppen, dassie sich vonnie Piepens sie ihre Gesinnunk abkaufen lassen. Nöö, behauppe ich nich. Denn, denn muscha ersma ein Gesinnunk ham. Wo nix is, da is nix zu verkaufen. Es is ehm so, as den ollen Göhte schon sachte: Annen Zaster häng, un zu den Zaster dräng doch allens, ach, un wir denn mit die AWO! Kuck, das wußte ihm schon damalige Zeit. Nu komms du!

Vonnie sozeale Verflichdunk

Mein Natalje sacht: »Kuddl«, sacht sie, »nu komms du. Da hat doch den Sozealminissä von uns meerumschlungne Heimat sich as Abbowäbä für Ackzel Springä sein ›Welt‹ betäticht. Dascha woll die Höchde. Das will einen Sozealminissä sein un nimp die ahmen Drückers un Klinkenpuzzers, die sich da in den Schweiß von ihre Füße die Maggarine auf sie ihr hartes Brot vedienen tun, die Ahbeit un das Einkomm wech. Un das will einen Sozealminissä sein? Un denn auffe sozeal Schwachen jümmers zuers? So was, nee! Da gehscha kaputt an.«
Ich sach: »Nich du gehs kaputt«, sach ich, »un den Sozealminissä auch nich, un Ackzel Springä ers rech nich. Nöö, den lieben Clausen hannelt blots nach den Schnack vonnas Zehdehu-Plekat, was nu überall prangen tut. Die Polletik muß den Menschen dienen! Tschä, weiß doch wo den Kopp vonnen Minisserpräsidenten auf is, un aussieht as ne Mischunk von Kiesinger un ein Zirkusdirekter un grient as ein Pott voll Mäuse. Damit ischa klah: Den Sozealminissä dient den Menschen Springä un sein Konnzähn!«
Mein Natalje sacht: »Sach mal«, sacht sie, »wiß du mir veräppeln? Das nennt den und du auch Sozealpolletik?« – »Klah«, sach ich, »ihn kann es sozeal nich verantwohten, daß die Auflage vonnie ›Welt‹ sinken tut. Den Clausen is einen krisslichen Pollitikä, aber sein Reich is von diese Welt un sein Polletik is die vonnie ›Welt‹. Dascha so klah as Kloßbrühe. Un da tut ihm ehm was für.« Natalje sacht: »Innie ›Welt‹ ham sie doch geschriehm«, sacht sie, »daß Addje mittie Bürrsse unnä die Nees kein Ungeheuä wa, sonnern ein vonnie großen Geschichskräfte, die den Liberalismus in Mors gepaut ham.« Ich sach: »Sach ma, is doch klah«, sach ich, »den Clausen gleich den Geiss, den ihn begreif, nich mir. Das steht schon bei Schillä oder bei Göthe in dicke Büchers in.«
Natalje sacht: »Abers nu ma ganz in Erns«, sacht sie, »Kuddl, is den Macker da zustännich für? Für Sozealpollitik für Konnzähnmilljo-

näre?« Ich sach: »Nöö«, sach ich, »da is einklich den Viehnannsminissä zustännich für. Den verwaltet die Steuägeschenke annie Milljonäre mit die Abschreibungens un so. Abers, un da gehört den Finger mit die den Ernss angemessene Situatschon aufgelech: As Zehdehu-Mitglied is den Sozealminissä sowieso un ohnehin für die Milljonäre zustännich.«
Natalje sacht: »Kuddl«, sacht sie, »ich kriech dat Krupen. Den Menschen, den in Mittelpunk vonnen Sozealminissä sein Polletik steht, is einen dicken Milljonäer as sochchen. Un denn noch den mit düsse Zeitungens unnä tschedes Niwoh.« Ich sach: »Natalje«, sach ich, »du dahfs da nich auf vegessen, daß ein Sozealminissä auch für die geissich Behinnerten zustännich für is. Nu komms du!«

Mein Natalje kam nich mehr. Das hat ihr überzeucht. Unnu, Makker, komms du selps!

Von Kuddl un sein General

Mein Natalje sacht: »Was liess du da«, sacht sie, »un schüttels dein Kopp?« Ich sach: »Ich lees ne Rede von ein General«, sach ich, »die ihm as Rittäkreuzträger vor seine Ohdensgemeinschaff gehalten hat.« – »Was?« sacht mein Natalje. »Das gieb das auch noch? Ne Ohdensgemeinschaff von Rittäkreuzträger?« – »Tschewoll«, sach ich. Natalje sacht: »Mit oder ohne Hakenkreuz in?« Ich sach: »Mit ohne Hakenkreuz«, sach ich, »indem daß den demokratischen Schtaat sie ihre Pankzion bezahlen muß.« Natalje sacht: »Und wa'um schüttels du den Kopp«, sacht sie, »bei das Lesen von den General seine Rede?« Ich sach: »Weil ihm sacht«, sach ich, »dassas keine Gefah von rechts gehm tut.« – »Tschä«, sacht mein Natalje, »die faschissischen Schtaatsschreiche sünd für ihm ehm keine Gefah. Mit die Kollegen isser je schon mal gut klah und länks gekomm. Ihn bedrohn Faschissen ehm nich. Die schießen bloß Sozis, Komenissen und Gewerkschaffer doot.«

Ich sach: »Un denn sacht er«, sach ich, »daß alle Linke, auch die antikommenissischen, für Moskau ahbeiten tun.« – »Tschä«, sacht mein Natalje, »Stalin hat seine pollitischen Gechner ehm blots aus Versehn umgebracht. Un die Kommenissen verfolgen sie ihre Gechners offenbah blots aus Dummheit, indem sie nich, as düssen Kommißkopp begriffen ham, daß sie ihre Gechners einklich sie ihre Freunde sünd. Abers sach ma, Kuddl, hat das den Macker wirklich gesacht, un is den General?« Ich sach: »Tschewoll«, sach ich, »das hat er gesacht, un General isser auch.« Natalje sacht: »Genücht für sonnen Possen«, sacht sie, »einklich blots Tapferkeit?« Ich sach: »Das weiß ich nich«, sach ich, »obwohl ich den sein Gehalt oder den sein Pankzion mit meine Steuän bezahlen tue.« Mein Natalje sacht: »Kuddl«, sacht sie, »denn muss du den Macker entlassen. Sonne dußlichen Bediensteten könn wir uns bei unser knappes Geld nich leissen.« Nu komms du.

Ich sach: »Dassis man nich so einfach«, sach ich, »da gieb das das Beampenrech. Un denn muscha auch bei ein General die sozealen Gesichspunke nich übäsehn. Ma angenomm, ich entlaß den Macker wegen erwiesene Dußlichkeit. Natalje, was meins du, wie sonn Kollegen sein Brot verdien soll? Es gieb doch heute keine Ahbeit mehr, wo nich ein büschen Plie bei sein muß. Du dahfs ehm nich so dusslich sein, dassu nich ma mehr selpstännich aussie Straßenbahn kucken kanns. Natalje, wiss du den Macker denn Hungers sterm lassen?« – »Nöö«, sacht Natalje, »nöö, das will ich nich. Das geht doch meiss ein büschen weit. Kuddl, entlaß ihm nich. Ich hab da nich an gedach, dasser sein Naziohden nich für Vestand, sonnern für Tapferkeit gekriech hat. Dascha nu ma nich dasselbe. Du soss dein General as ein sozealen Ahbeitgeber nich übäfohdän. Vonnie Kuh kanns auch nich mehr velangen as Milch. Un so kanns von ein General mit ne dolle Pankzion auch nich velangen, daß ihn, wenner von Polletik schnacken tut, auch noch was davon vesteht. Bezahl ihm ruhich weiter!« Nu komms du.

Vonnie offene Gesellschaff

Öih, Macker! Leps du auch in eine offene Gesellschaff? Mein Natalje war ers dagegen. Ihr meinte, dassu denn dein Wohnnunkstüä nich achter dich dichmachen kanns. Sie dachte an öffentliches Haus un so was. Als ich sie denn veklickän tat, dassu ruhich in dein Kanickelstall sizzen kanns mang Nachbahns, die du nich kennen tust, tschä, dassas nix mittie offene Gesellschaff zu kriegen hat, wa ihr beruhicht.

Ich sach: »Mittie offene Gesellschaff«, sach ich, »isses as mittie Demekratie. Sie soll so sein, daß schedenein sö dösich kwasseln kann, as ihn nu ma is. Un schedenein vonnie Dösigen mittie annern Dösigen disketiern un schedenein den Plazz von schedenein kriegen kann. Ungeachtet Rasse, Rillegeon, Herkunf...« – »Halleluja«, sacht mein Natalje, »denn will ich mich ma den Strauß vors Brett kriegen. Den Macker wollte ich schon jümmer ma sagen, daß er ein...« – »Halt ma stopp«, sach ich, »so offen sünd wir wieder nich. Das gibb noch Beleidigungsparagrafens. Un nich schedenein vonnie Dösigen kann schedenein vonnie annern Dösigen den Kopp waschen.« Natalje sacht: »Wennas so is«, sacht sie, »denn isses entweder mittie offene Gesellschaff ein großen Käse oder wir müssen ihr ers ma richtich einfüän.« Nu komms du.

As das Lehm so spielt, komp doch grade an den Ahmt uns Neffe vohbei. Ihm is bannich plietsch un Elektroinschinör. Pollitisch is ihm bös radekal. »Süh ma kuck«, sach ich, »da komp die offene Gesellschaff in uns dunkle Hütte.« Sein Vater hat, as wir, das Strohdachgümnasium besuch un auffe Werff mittie Müzze Nieten aufgefangen. Un uns Heini? Uns Heini is nu all Elektroinschinör. Das issie offene Gesellschaff.

Mein Natalje lach, un Heini sach: »Pedd di man nich oppen Schlipps, Onkel Kuddl.«

Un furts kriegen ich un mein Natalje ne Sondervorstellunk vonnie offene Gesellschaff. Heini sach: »Ich glaup nu bald an übäsinnliche Mächche«, sacht er. »Mach nix ingange«, sacht Natalje. »Tschä«, sacht uns Heini, »da sacht man doch, wennu moggens mitten vekehrten Fuß aufstehn tus ...« – »... denn läufs den gansen Tach vekehrt!« sacht Natalje. Ich sach: »Fall ihm nich ins Woht«, sach ich, »so offen is die Gesellschaff nu auch wieder nich, dassas kein Anstand as sochchen mehr gehm tut.« – »Du Kerintenkacker«, sacht Natalje.

»Tschä«, sacht Heini, »as ich mir mohgens ins Bett recken tu, hau ich mit den Handknochen gegen die Kante vons Fensterbrett. Tat bannich weh. Denn ging den elektrische Resierapparat in Eimer. Annen Kaffe habbich mich das Maul verbrannt. Den gansen Wintä hattas nich geschneit. Abers jüss an den Mohgen. Ich woll rein innen Matsch. Nasse Füße. Das Auto komp nich vonnie Stelle. Vohne ein Platten. Netürlich zu spät auffe Ahbeit. Wen lauf ich in Rachen? Mein Scheff. Der sacht: »Wer spät ahms mit Köm un Bieä un radekale Redensahten die Welt verännern tut, komp mohgens nich ausse Federn.« Nachdem den Macker durch ein glücklichen Zufall einen frühen Tod un ich eine Mohdanklage entronnen bün, geht ne Maschine kaputt. Kuzze Rede, langen Sinn: Un ahms? Ahms intäjuen sie den Helmut Schmidt in Fäänsehn. Ich denk, den haut nu auffe Linken los, un ich kann mir ma richtich un orntlich aufregen. Was tut er? Nix! Friede nach alle Seiten. Nu komms du!« Mein Natalje sacht: »Die offene Gesellschaff is eben schon so offen«, sacht sie, »das annere, wenichssens vorn Pahteitach, den Mund zugeht.«

Vonnie Schtaatskunss

Öih, Macker. Weistu, was glückliche Menschens sünd? Weiß du nich? Kann ich dir sagen. Glückliche Menschens sizzen innie Regierunk, indem uns Volk nich aus lauter Nataljes bestehn tut. Die gib das blots einmal. Die will allns wissen. Und denn noch ganz genau. Ausgerechnet ich muß mit sie verheirat sein.

Mein Natalje sacht: »Kuddl«, sacht sie, »ham die vonnie Zehdehu nich jümmers gesacht, wennie schungen Loite demonschtriäten, dassas mit Wietnamm so is as mit Bälihn?« – »Tschewoll«, sach ich, »so isses.« – »Denn«, sacht Natalje, »müssen wir furts Meta un Fiete schreim, dassie da abhaun solln.« – »Wieso?« sach ich. Natalje sacht: »Indem, du Dööskopp«, sacht sie, »die Amerikaners aus Wietnamm abhaun. Also: Raus aus Bählin!« Nu komms du!
»So is den Lauf vonnie Welt«, sacht Natalje, »gessern wahn Tschiang vonnie Schecks auf Fomosa un den Tiöh von Südwietnamm noch die Mackers, die füä Freiheit un Fohtschritt wahn. Un hoite? Hoite kriegen sie ein Pedd in Mors. Gessern noch auf Rosenkissen, hoite durchie Bruss geschossen. Mit große Hään, sachte den Lehrer Metelmann, is schlech Kirschen essen, sie spucken mit die Steine.«
»Tschä«, sach ich, »so isses nu mal mit die Polletik. Ers haun sie sich um die sölbe. Denn bis du Bestmacker für den, für den du die Kastangeln aussas Feuä hols. Denn verkaufen sie dir, indem sie sich einigen. Denn bis blots noch Klopapiä. Ein Glück un Segen, daß sie sich über Bälihn geeinicht ham, ohne daß wir das Klopapiä sünd.« – »Hoch Willy den Erssen«, bölk mein Natalje, »her mitten Nohbelpreis.« – »Hat ihm schon«, sach ich. Natalje sacht: »Egal«, sacht sie, »denn kricht ihm noch ein. Doppelt genäht hält besser!« Nu komms du!

Nu krichte ich den dienslichen Befehl, ich soll nachkucken innie

Schtaatsbibletek, was aussen Wietnammkriech rausgekomm is. Mein Natalje wollte das genau wissen. Am nächsen Tach wa Rappoht. Ich hatte mich allns auffen Zettel aufgeschriem. »Asso«, sach ich, »das is so. 1954 hatten die Franzosens ihr Fellvoll wech. Sie teilten das Land, lechten fess, daß 1956 freie Wahln sein sollten, un verkrümelten sich.« – »Un denn kam die Amerikaners«, sacht Natalje. »Ich sach: »Die hatten da schon vorher die Vordähfüße mang«, sach ich, »abers nu kamen sie richtich. Mit die Bonzen aussen Süden wahn sie sich einich, daß aussie Wahln nix wern sollte. Und denn ging so 1959 innen Süden das Teater los.« – »Was issa bei rausgekomm?« sacht Natalje. Ich sach: »Ooch«, sach ich, »Doote über Doote, beinah Völkämohd. Krawall innie Uessa bis zum Gehtnichmehr. Ne Inflatschon mit ne Weltwährungskrise.« – »Tschä«, sacht mein Natalje, »un nu?« Ich sach: »Nu«, sach ich, »wolln sie abhaun. In zwei Schahre soll das freie Wahln gehm.« Natalje sacht: »Das hätten sie schon 1956 ham könn!« Nu komms du!
»Abers«, sacht Natalje, »denn wärn viele noch lebendich, Städte un Döhfers heil, kein Krach zu Hause, keine Inflatschon, keine Weltwährungskrise. Wenn das Schtaatskunss is, Kuddl, denn solln sie mir mal ranlassen. Son Schiet kann ich schon lange!«
Nu komms du noch ma! Natalje for President!

Vonnie Schusopepiere

Du, mein Natalje hat mir innie Kneipe gejacht. Ich soll die Generallienje vonnie Massen rausfinnen. Ich wa inne Sozikneipe. Wie ümmer wahn sie die Massen eng verbunnen. Sie wußten auch nich genau, wassie wollten. Bloß dassie mehr Zaster wollten un keinen Kommenismus. »Denn«, sacht Fiete Kohlmohgen, »da weißt du genau, wann einen Streik vonnie Kollegen richtich is. Wenn sie dir mit grüne Minna un Panzers in Emfank nehm, wennu aussen Betriep komms, denn wa deine Positschon un den Streik verkehrt.«
Wenn sie auch nich wußten, ob ihre Streiks richtich wahn, so wußten sie doch, wo kein an alles Schuld an hatte. Das wahn die Schungsozalissen. Die machen noch allens kaputt. Die Regierung, den Schtaat als sochchen unnu auch noch die Gewerkschaffen, indem sie für den Streik as sochchen sünd. Nu komms du!

Ich sach: »Kollege«, sach ich, »scheden Streik vonnie Aabeitäklasse muß sagen, wo das lang gehen soll. Un wennie Gewerkschaffsleitunk ihm, leidergottseidank, nich mitmachen könn dahf, von wegen die Rechslage un so, denn müssen wir da selps bei.« Un wir denn scha los. Erssens: Mietstopp. Zweitens: Preisstopp bei die Futtersache un Bieä. (Fiete wollte den Schnaps da mit beihaben. Ihm wurde glatt runnägestimp. Schließlich hatten wir Regierungsveantwohtunk zu tragen. Und sich sie zu stelln. As Willy sacht.) Drüttens: Den Zaubä bei Bodenwuchä. Mit Rupp un Stupp enteichnen. Viertens: Mitbestimmunk. Fünftens: Wir müssen die großen Kaptalissen beim Wickel, die machen mit uns sons, was sie wolln.
Tschä, Macker, unnä düsse Parolen wolln wir denn ma streiken. Nich so doll. Abers doch ma. In alle Ruhe un Dissiplien. Un wen nich mitmach, den kricht ein voän Ballong. Ischa noch schönä, wenn da ein meint, ihm brauchte nich, wenn ihm muß.
Ich wa richtich erleichtät, daß ich mein Natalje ein Generallienje zu

bieten hatte. As ich mir von all das Bieä erleichtät hatte, habbich sie alles erzählt un veklickert. Sie kuckte mir blots an un tippte annie Birne. Ich sach: »Bissu nich dafüä?« – »Doch«, sacht sie, »ich frach mir blots, as wie sonne Döösbaddels as ihr da auf gekomm seit.« Nu komms du.

Mein Natalje sacht: »Das wolln doch allns die Schungsozalissen«, sacht sie, »un die, denk ich, die machen doch allns kaputt.« Ich denk, mir hat ein Ferd gehaun. Auf den Schreck habbich ersma ein Klaren genomm. Ich sach: »Ischa auch egal«, sach ich, »richtich is richtich. Einälei, von wem das komp.« Mein Natalje sacht: »Abers mich issas zu teuä«, sacht sie, »innie Kneipe sizzen, Bieä saufen un denn blots rauskriegen, was annere as wie die Schungsozalissen schon lange vorgeschlagen ham.«

Macker, ich wer mich nu ümmers ihre Schusopepiere schicken lassen. Wenn ich das sagen tu, wassa in steht, wähln mir die Kollegen bei meine Schahre noch zun böberssen haupamplichen Funkzenär. Denn kanns was beleben. Denn wer ich die da oben ma zeigen, was ne Harke is.

Vonnie Privatheit

Bei uns zu Hause wa dicke Luff. Es wa Streit übä die natschenale Frage. Mein Natalje wollte das Spiel Beiän München gegen Aschacks Amsserdamm nich sehn. Si sacht: »Die wern wieder duch die Holländers blamoren«, sacht sie, »das geht gegen mein Ressbestand von Nazzenalbewussein.« Ich sach: »Mach doch nix«, sach ich, »wenn sie veliän, denn veliät die Zeheshu, Strauß sein Veein. Bis auf Breitnä, wascha ein noien Linken is.« – »Und den spielt Veteidiger«, sacht Natalje. Nu komms du!

Tschä, nu wa mit eine Stimme gegen eine Stimme bei eine Stimme Mehrheit beschlossen, daß wir das Fußballspiel nich sehn. Indem wir die Gleichberechigung ham, zählt mein Natalje sie ihre Stimme doppelt. Was machs denn? Denn lies Zeitunk. Steht ja manchma noch was in.
Was soll ich dich sagen, Macker, stand auch was in. Da is einen leitenden Angestellten, auf doitsch: Mänätschä, in Akapulco wegen Geschäfte. Geht zus Schwimm, damit ihn richchich fitt is un ihn seine Pahtners noch besser bescheißen kann as sie ihm. Geht zus Schwimm, versäuf un is doot. Komp aus Wasser un is ne Leiche. Un ein Gerich sach, dassie Olle keine Rente kricht, indem das keinen Ahbeitsunfall is. Den Richcher sacht: »Wennas Schwimm Dienss sein soll, was is denn noch privat?« Nu komms du! Den Macker hätte sich man unter die Dusche stelln solln.

Mein Natalje sachte je gleich, dasser da beis Schwimm auch vesaufen kann. Sie ihrn Vettä, ein Meisserschwimmer, hat in ein dicken Duhnas beis Waschen einen Herzanfall von all die Konjacken gekricht, kipp mitten Kopp inne Waschschüssel un vesäuft. Un den seine Schüssel wa nich groß. Das kanns glaum, denn den Macker wa gegen Seifenwassä allägisch, das konnte ihn nich ab. Sachte er. Abers ischa auch egal. Ich sach: »Dascha nich den Punk as sochchen«, sach ich, »den springenden Punk ins Zentrum vonnie konkrete Frage ischa: Was is' denn für unsenein as Lohntütenkrieger überhaupt noch privat? Um zehn muß inne Federn. Wa'um? Damit du an Mohgen rechzeitich rauskomms un fix malochen kanns. In Urlaup soss da an denken, dassu dich erhols. Kanns nich machen, was dir Spaß brink. Erholen soss dir. Is beinah Ahbeit. Wa'um? Weil du vonnie verrückte Asterei kaputt bis.

Denn soss dir erholen, damit du dich wieder mit die Asterei kaputtmachen kanns. Und Neckermann vedient dabei noch Zaster, damit ihn sich Gäule kaufen kann, die denn inne Manesche as Stöhche für Doitschland duchchen Salat stelzen. Abers ein doitschen Richter komp bei un sacht: Das is privat! Privat! Das ich nich an Lachkrampf ersticken tu. Kannscha nich ma mehr fressen, wassu wiss, indem du dir deine Ahbeit ensprechend auf wissenschaffliche Basis ernährn soss. Schiet annie wissenschaffliche Basis. Ich will wat to freeten hemm. Un zwa ein Eisbein, un das sofoht.« – »Kriss abers nich«, sacht Natalje, »vestöß gegen dein Blutbild un deine Leissunksfähigkeit.« Nu komms du!

Ich zügel mir un sach: »Wennu nich ma mehr fressen kanns, was du wills«, sach ich, »Natalje, was is denn noch privat? Ich bitte dich!« – »Nix is mehr privat«, sacht Natalje, »allens is Ahbeit, Leissunk un Beruf. Un wen das nich kapiät, muß erssens Doitscher, zweitens Richer un drittens Beampper sein. Einen allein schaff das nich un is so dösich.« Tschä, Macker, un wie kricht die Olle ne Rente? Ihr is hoch innie fierrzich. Kuck ma, das is denn privat!

Vonnie Demekratie

Öih, Macker, du weischa, daß mein Natalje bannich für Demekratie un so is. Abers da is uns 'nen Ding passiert. Junge, Mann, Häär des Himmels, da glaups nich an. Un da hat mein Natalje was gesach, Macker, da habbich Schwierigkeieten bei un kriegen das richtich raus. So, daß kein ein sagen kann, dassich kein Anstand as sochchen ham tu. Nu komms du.
Wir wahn bei sie ihre puckliche Vewannschaff aufs Land in ein Fremmenverkehrsoht. Weischa Bescheid. Wo den Fremmenverkehr assie Fohtsezzunk vonnen freien Strandgang mit annere Mittels verstannen wird. Un was mein Natalje sie ihrn Vetter is, kein ganz richchigen, so ein duchen Sack Äbsen, den is innen Gemeinderat. Tschä, un was soll ich sagen, da sizz da den halm Gemeinderat rum un ratschlacht daüber, as wie sie ihrn haupamplichen Böhgermeisser afkörn solln. Den Macker hatten sie selps gewählt, abers nu wollten sie ihm los sein. As sie ihm damalige Zeit wähln taten, wa ihm einen Baaskerl, unnu, nu tauchte ihm reinwech gan nix. Wennu sie so kwasseln hörtes, denn is den Macker igittegitt von ohm bis unten. Un sie wahn nu bei, un stellten fess, dasser achtern gespalten is un vonne ein kurzes Enne hat.

Mein Natalje sacht: »In mein Lehm as praktische Frau«, sacht sie, »is mich so was schon öffer unterkomm. Ich mein, bevor ich mein Kuddl heiraten tat. Abers da komp ein scha über wech. Solange ihn den Mors nich auffen Hals tragen tut, geht das noch. Abers was hat den Böhgermeisser denn verbrochen?« Die Mackers traten die Augen vorn Kopp, dassu sie mit ein Besenstiel abhaun konntes, wennu gewollt hättes. Abers ich wollte man nich. Ich wollte sie ihre Antwoht hörn. Da sacht denn ein mit ein Kopp as ein Feuämeller zum Einhaun: »Tschä«, sacht er, »wo ihn an schuld hat? Tschä. Ihn hat Schuld annie Hochhäusers, die die Gegend verschanneln.« – »Das hat ihn gegen euän Willn gemacht?« sacht Natalje. »Nönö, nönö«,

sacht der annere, »das nu nich, nich? Nöö, wir wahn dafüä, Einstimmich.« – »Tschä, unnu?« sacht Natalje. »Tschä«, sacht der annere, »unnu machen die uns mittie Preise Konkerenz. Ischa unsozeal, so was.«
»Wa'um wahs du denn dafüä?« sacht Natalje. »Tschä«, sacht der annere, »nu macht mich den Kram Konkerenz. Ich vermiete auch Zimmers. Unnu hat den Böhgermeisser schuld.« Mein Natalje sacht: »Du bisso dösich as den Wim Tölke in dreima neun«, sacht sie, »den wunnäte sich daüber, daß ein Lauritz Lauritzen heißen kann. Un merk gannich, dassas viel schönä is as heißen Wim Wimmsen. Ers den Macker wähln, allns mitmachen, Geld kassiän, und wennas dicke Enne komp, denn den Macker afkörn wolln. Dascha as mit Bahzel inne Zehdehu. Statt den Balken aussas eichne Auge ziehn, den annern Splittä in Mors pieken.« Da sacht der annere: »Inne Zehdehu bün ich auch.« Nu komms du!

6. Polletik

Vonnie Schnacks

Mein Natalje sacht: »Du, Kuddl«, sacht sie, »ich habe Fiete Pepäkohn sein Schung gesehn, den Klaus. Mann inne Tünn, den fuhr ein Mäzehdis, den wa so lang, daß ihn noch auffie Höchde vonnie Schpakasse wa, wenn den Mors vonnas Auto noch an Dreiecksplazz wa un die Schnauze vonnas selbe an Bähliner Plazz den Verkehr verstopfen tat. Wo komp den bei das Geld für so was?«
Ich sach: »Ihm is Männätschä von ein Firma für Wähbunk«, sach ich, »die sich auf pollitische Wähbunk spezialisiät hat.« – »Nu komms du«, sacht Natalje, »un was machen die denn innie Polletik, du?« Ich sach: »Die«, sach ich, »die denken für die Pollitikers die Schnacks aus.« Natalje sacht: »Ich wer verrück«, sacht sie, »ich hab jümmer gedach, daß den Schiet vonnie Pollitikers selps verbrochen wird. Unnu halten die da oben sich da auch noch Leute für.«

Mein Natalje meinte denn, daß sie in düsse Brangsche vielleicht auch was bekucken könnte, denn ihr hätte je schon ümmers ganz gut blödeln könn. Un sonn Mähzedis, as den von Fiete Pepäkohn sein Sohn, könnte sie auch ganz gut zu Gesich stehn. Natalje sacht: »Troie issas Mahk der Ehre«, sacht sie, »wovon soll die Ehre rauchen, wennie Mahk nich mehr zu brauchen?« Ich hab denn gesach, dassas ein büschen zu blöde is. Auch für die Polletik. Heutzutage kriss dein Zaster nu nich glatt geschenk. »Nee«, sach ich, »da muß auch ein büschen Lienje mit bei, daß die Pahtei as sochche denn gleich mit in Fohm kommen tut. So as: ›Wir halten troi un fess zusamm, assie Wurs ans Band‹. Un so.«
Natalje sacht: »Die wolln je reinwech gannix mehr selps machen«, sacht sie, »un Ansprüche stelln tun sie auch noch. Die wolln so was mit erssens, zweitens, drittens?« – »Tschewoll«, sach ich. »Kein Problem«, sacht mein Natalje, »das kann ich auch. Paß auf. Nach den Stuäm binnet den Helm fesser, un was uns nich umbrink, mach uns blots stähkä. Da'um erssens: Geh nich in Stuäm, denn brauchs

kein Helm auf. Zweitens: Wenn doch, denn binne ihm vor dem Stuäm fesser, sons fliecht ihm dich wech. Drittens: Mittas Umbringen, da laß die Fingers von, sons wirs du viertens sehn un belehm, dassu in Knass gehs, den du fünftens nich stähker verlassen tus.« Nu komms du.

Ich hap sie denn gesach, dassa nu doch meiss ein wenich Gehalt in is. Für Klaus Pepäkohn sein Gehalt muß ein büschen mehr bringen. »Na gut«, sacht Natalje, »denn noch ma: So as wiä in Siech nich übämütisch wern, so zerbrechen wir nich innie Niedälage. Es komp nu da auf an, daß wir die Grünne nüchtän äähfohschen, die zu sie führten. Wir müssen unse Leissungen besser vekaufen un in unse Reihen auf Tuchfühlunk gehn, un auf Tuchfühlunk mit die Wählers gehn. Dann is mich ummie Zukunf nich bange.«
»Auch'n büschen dünn«, sach ich, »damit komms nich in Geschäff. Da is nix Noies in un nix Noies bei. Nich Fisch, noch Fleisch.« – »Haha«, sacht Natalje un bällert mich die Zeitung vor die Nees, »hieä, kanns lesen? Hat Willy gesach.« Macker, nu komms du. Tööf ma ab, ich glaub meiss, mein Natalje komp doch noch bei sonn dikken Mäzehdis. Wennas so leich is.

Vonnen Kissintschä

Ich sach: »Natalje«, sach ich, »was heißt in unsre schweren Zeiten Demekratie un Selpsbestimmunk? Nix heißt das. Wir sitzen alle in ein Boot. Un denn kann blots ein was zu sagen ham. Un das bün ich. Un ich sach: Den Sprit wird knapp. Vielleich auch den, den ich abends tanken tu. Also, Natalje, raus mit die Pieselotten von dein Spahbuch. Es wird Schnaps gekauft!«
Mein Natalje sacht: »Du spielst woll Kissintschä innen Westentaschenfohmat, wa? Abers merk dich eins«, sacht sie, »so kann den Macker vielleicht mit Europa rumkommandieren, abers du nich mit mich, mein lieben Kuddl, mit mir nich!«
Nu komms du! Da will ich beikomm un innie Öl- un Benzinkrise nebenbei für meinen Sprit sorgen, un was macht Natalje? Ihr wird außenpollitisch un künnicht mir den famieljenpollitischen Gehorsam.

Natalje sacht: »Du, Kuddl«, sacht sie, »den Kollegen kann froh sein, daß ihm pollitisch mit Westeuropa zu tun hat un nich mit mir als Person verheiratet is. Den Macker käme bei mich auf Schwung. Du! Der hat woll ein Splien, wa? Wenn ihm da seine Schau mittie Zoffjetunion abziehn tut, damit die Dussels innen nahen Ossen denken, sie verraten ihr nich, denn solln wir mitmachen, damit wir in den Schlamassel nich mit in sitzen, wennas mit sie ihr Krisendrehbuch nich klappen tut. Sünd wir in den seine Augen denn eine Kolonie?«
Ich sach: »Was denn sonst«, sach ich, »wen sich als ein Kolonie benehm tut, den wird as sochche behannelt.«
Natalje sacht: »Abers nich mit mir«, sacht sie, »ich laß mir von die nich verklappsen un von den Kissintschä auch nich. Ich, Natalje Schnööf, bün innie Nato von wegen den Schuzz vor den Ossen un nich wegen Mitmachen in den Schiet innen nahen Ossen. Mit mir nich!«

Mein Natalje schreib das nu allens in ein Brief an Willy den Erssen. Sie sacht, dasser viel zu höflich is. Nu soll mir ma velangen, was den Willy machen tut. Ich as sochcher hab ja selps belep, daß mein Natalje rech hat. Abers ich glaub meist, es is am besten, ich schreib auch an Willy. Ihm soll mein Natalje as Schtaatssekretär für Gespräche mit Kissintschä einsezzen. Denn laufen den Macker die kalten Gräsen längs den Buckel. Natalje auf Kissintschä! Nu komms du! Natalje sacht: »Es ischa schon schlimm«, sacht sie, »wenn man das denken tut, noch schlimmer isses, daß ich das nu sagen muß: Ich bün nich blots gegen Kriech, wenn ihm die Nazis machen. Ich bün auch gegen Kriech, wenn ihm Kissintschä un Schlesinger machen wolln. Den doden Alljende in Schileh erspaht mir nich die lebennichen fohd un Strauß in Doitschland. Un wenn ich allens auf Socken betippeln muß, wegen das Scheißöl unnie Dollahdividenne will ich kein Kriech. Lieber trocken Brot mit nix auf. Gott bewah uns vor Habsuch, Gich un Altäszahn nebs Kissintschä sein Größenwahn.«

Vonnie püschologische Polletik

Öih, Macker! Zuhaus habbich das nich leich, düsse Tage. Mein Natalje will ständig un patuh wissen, wen nu das Rech auf seine Seite hat bei den Kriech innen nahen Ossen. Natalje sacht: »Euän Schnack sei tschewoll, tschewoll oder nee, nee«, sacht sie, »das steht schon innie Bibel. Un was da denn noch kommt, is zus übel werden!« Nu komms du.

Natalje sacht: »Ich will gahnich davon schnacken«, sacht sie, »dassas Öl un unsre Heizunk teurer wern tun. Die Araber wern je das Unangenehme mit das Nüzzliche vebinnen. Nee, ich will wissen, wa'um die Menschens dootgehn. Ich will wissen, wen Rech hat. Kuddl, sach was!«
Ich sach: »Tschä«, sach ich, »ischa woll möglich, dassie Israelis zu Abweckzelunk ersma die Arabers angreifen lassen. Un daß die Arabers zu Abwechslunk ersma gewinnen wollen. Dassis wegen die Püschologie, verstehs du?«
»Nee«, sacht Natalje, »das versteh ich nich. Wer was mittie Nerven, Geiss oder Seele hat, den muß beim Seelenklempner oder bein Paster. Abers ihn muß nich innen Kriech. Wenn alle bei uns, die ein lütten Klapper ham, gleich Kriech spielen täten, gute Nacht, Marie.«
Ich sach: »Es is wegen die püschologische Wirkung auffie Großmächte un auf das eichne Volk. Damit die Scheiße, die sie baun, ein bessern Eindruck machen tut.« – »Versteh ich auch nicht«, sacht mein Natalje, »wenn ich auf Willy den Erssen oder auf dir Eindruck machen will, denn hau ich dir oder ihm nich ers doot?« Nu komms du.
Ich sach: »Wennu das nich verstehn tus, denn verstehs du nix von Polletik.« Mein Natalje glubscht mir an un sacht: »Und wie ich was von Polletik versteh, mein lieben Kuddl, bloß ich will sie nich mittie Püschologie vermengeliert ham.« Ich sach: »Das geht abers nich«,

sach ich, »Polletik hat immer was mittie Püschologie zu kriegen un innen nahen Ossen ers recht. Da is nur noch'n büschen mehr Püschologie bei als annerswo.«
Mein Natalje sacht: »Nee«, sacht mein Natalje, »da bün ich gegen, gegen diese püschologische Polletik mittas Doothaun un so. Was nüzz es mir as pollitischen Menschen, wenn sie mir wegen die Püschologie abmurksen. Wenn ich ersmal Elias Grabbel bün, denn habbich von nix mehr was. Den Schtaat un die Mackers an seine Spizze müssen bein Seelenklempner, damit die Menschen lehm könn.«

Nu komms du. Wenn mein Natalje so trompeten tut, denn is zappenduster. As in nahen Ossen. Is nu blots noch die Frage, wie wir die Schtaatsmackers bein Seelenklempner hinkriegen.

Vonnen Präsidenten

Natalje sacht: »Tschä, Kuddl«, sacht sie, »gessern noch auf Rosenkissen, heute duch die Bruss geschossen.« Ich sach: »Was soll denn sonn Schnack«, sach ich, »wofüä soll das gut sein?« Mein Natalje sacht: »Bezüchlich den Nickzen.« Nu komms du!

Ich sach: »Ich weischa nich«, sach ich, »ob ihm schemals auf Rosenkissen gelegen hat. Ich weiss abers genau, dasser nich duchchie Bruss geschossen is, sonnän zurückgetreten, indem dasser von hinten duchchie kalte Küche sich seine Gehners nähern tat, schtatt mit den Dolch ins Gewand, as es sich für ein orntlichen Pollitiker hörn tut.«

Natalje sacht: »Ich muß ümma annie Königin Luise denken«, sacht sie. Ich sach: »An den doitschnazzenalen Weibäveein?« sach ich. »Die damalige Zeit ehmso beklopp wahn as hoite die Töchcher Amerikas?« – »Nöö«, sacht Natalje, »nich deswegen. Abers wie sachte uns Königin Luise schon damals gans richtich? Wen nie sein Brot mit Tränens aß, der kennt euch nich, ihr himmlichen Mächche. Unnu komm ma von da auf Nickzen, denn weiß, was ich meine.« Nu komms du!

Ich sach: »Bei 'ne Penkzion von über hunnätdausend Mahk ins Schahr«, sach ich, »mit ein kossenloses Büro un alles, da will ich mein Brot mit ein Wassäfall von Trähn essen. Für das Geld mach ich mir noch selps auffie Socken un brech innie Geschäffsstelle vonnie Zehdehu ein.« Natalje sacht: »Was wiß denn da bekuken?« sacht sie. »Wenn schon mit die Firma Bruch un Knack, denn musses sich doch lohn.«

Ich sach: »Siehste«, sach ich, »nu komms du schon selps auf den springenden Punk innas Zentrum vonnie Frage. Wennu schon in Wahlkamff bei 'ne demekratische Pateih einbrechen tus, was finnes da? Ein Theater-Drehbuch. Kuck ma, un so was has doch fürn Wahlkamff in dein eichnes Büro. Brauchs doch nich für hingehn un machs bei die annän auf ein Hein-gehs-mit-lang.«

Natalje sacht: »So gesehn«, sacht sie, »musser je noch für Schußlichkeit bestraf wern. Abers, Kuddl, siehs du denn gan nich die Tragödje as sochche? Auffie Höchde vonnen grössen Wahlsiech allä Zeiten, da kricht ihn das Schickzal schon bein Schlawickel. Un denn denk ma annas Volk.« Nu komms du!
Ich sach: »Da kann ich noch soviel hinkucken«, sach ich, »da seh ich kein Tragödje in. Ihn hat nich das Schickzal bein Schlawickel gekricht, sonnern die Polente die Einbrechers. Un ihn kricht ne dicke Penkzion für, wo ich Knass für kriegen tu. Unnas Volk? Natalje, Mann inne Tünn, das berapp mittie Schteuä so un so. Ich seh sogah in düsse Angelegenheit für das Volk noch ein Vorteil in.« – »Das soll mir ma velangen«, sacht Natalje. Ich sach: »Ischa klah un liecht auffie Hand«, sach ich, »das Volk wird zu Nüchänheit erzogen. Nu freut es sich schon übä ein Präsidenten, den blots versprechen tut, daß ihn kein Kriminellen sein will.«

Vonnie Generallienje

Otto Kornelissen kommt zu Besuch. Ihn war bei die Kommenissen auffen Pahteitach. »Wie kommt denn sonn Hammel«, sacht mein Natalje, »in düssen Stall?« Otto sacht: »Och«, sacht er, »das is wegen mein Ähger auffe Sozis. Un in mein Betrieb is ein von die. Un den sachte: Komm man ma hin, sachte ihn. Un da bin ich hin.«
Natalje sacht: »Büs du inne Pahtei?« – »Bei die Kommenissen?« sacht Otto. »Büs du noch zu retten?« – »Nee«, sacht Natalje, »ich mein die Pahtei von die Ahbeiterklasse, die Espedeh.« – »Da bün ich auch nich in«, sacht Otto. »Denn hassa auch kein Recht zu«, sacht Natalje, »dir über ihr zu ähgern. Das Recht hat bloß, wer bei sie Beitrach bezahlt, un beleben tut, dassie nich zu Pott komm. So as ich un mein Kuddl! Abers nich sonn Zaungass vonnen Klassenkamff as du, mein liehm Otto! Kein Pahteibeitrach bezahln, abers sich über ihr äägern, das ham wir gerne.«
Ich denk, nu lecht den Otto sie ein vor. Nöö, tat er nich. Ihm griente nur. Otto sacht: »Ich war je nich Zaungass bein Klassenkamff«, sacht er, »ich war Zaungass bei die Kommenissen, un das is ganz was anners. Wennu bei die büst, brauchs nich bein Barras un lernen Dissiplin. Da wagt keinen einen Pieps. Geht allens nachen Vorsänger.«
Otto sacht: »Un indem dassie vohne ans Pult meterlange Riemens vorbeten taten«, sacht er, »daß dich die Füße einschlafen, bün ich mit mein Kollegen innas Fohjeh. Da warn die Mackers vonnas Fähnsehn. Die wollten da sonn paar vonnie Delegiäten interwjuen. Wegen die Revollutschon von achzehn. Da ham sie sie ihre eigen Leute das Maul verboten un die Fähnsehmackers rausgeschmissen. Ich sach zu mein Kollegen: Nu komms du, sach ich. Er sachte blots, dassas auch wegen die Taktik vonnie Generallienje is, indem dassie befrachten Mackers ihr nich richtich wiedergeben könn. Da habbich gesacht, dassie woll keine Menschen in sie ihrn Laden brauchen, sonnern blots Plattenspielers.«

Otto sacht: »Ich bün denn nach Hause«, sacht er, »für die ihrn Barras in Pahteiform un sie ihrn Kaptalismus mit Hammer un Sichel war mein Zeit zu schade zu. Mit die kommt die Ahbeiter-Revollutschon nich. Da ham die gah kein Zeit für. Die müssen auffe Zentrale hörn un knobeln, was nu grade die taktische Lienje is.«
Mein Natalje sacht: »Otto«, sacht sie, »ich hab Hammel auf dir gesacht. Enschulligunk!« Nu komms du!

Schon Otto sein Berich vonnen Kapeh-Pahteitach macht mein Natalje zu ein sanftes Lamm. Sie meint, daß die gegenüber die Hammels noch innen Zustand der Unschuld sünd.
Natalje sacht: »Liebers ne Demekratie«, sacht sie, »mit Stoltenberch un Bahzel als haupampliche Aufforderers der Natschon, die mit sie ihre Aufforderungens den Schleyer vorn Klassenkamf überflüssich machen oder mit lauten Halloh in offene Türn reinfalln. Abers nich die Mackers, die nich ma hieä ein Regenschirm aufspann, weil sie nich wissen, ob das in Moskau auch regen tut.«

Vonnen Kansslerbonus

Mensch, Macker, das war ja einen Wahltach as sochchen innas Pantoffelkino. Besser as ein Krimi. Da konnss ansehn un belehm, wie schön als es war, unner Adenauer innie Zehdehu zu sein. Als uns Willy da auffe Mattscheibe rumröhrn tat, als wenn ihm seine Ssweitstimme auch bei die Effdehpeh abgegehm hatte, sach ich: »Nu ham wir den Klassenkamff gewonn«, sach ich, »un ihn spennet Frieden nach alle Seitens.«
»Tschä«, sacht mein Natalje, »so isses nu ma mit euch. Erss wollt ihr den ganzen Laden renoviän, abers dann sacht ihr, dassas nich so bald zu sein brauch. So has du, Kuddl, denn jümmers das Gefühl, dassu einklich kämffen muß, abers nich so doll. Mehr suutje, verstehs du?« Nu komms du. »Alles annere«, sacht Natalje, »is dich auch zu anstrengend.« Nu komms du noch ma!

Als den Kohl aussie Kwietschergegend was vonnen Kansslerbonus erzählte, war mein Natalje rein aussie Tüte. »Erssens«, sacht sie, »is mich den Macker sümpatisch, weil ihn veloän hat. Ich bün ümmer für die Schwachen. Zweitens weiß ich noch nich, was Kansslerbonus is, abers den Kollegen hat recht. Das isses. Genau das!«
»Tschä«, sach ich, »tschä und?« Ich wa vergräzz. Bin ja auch für Gleichberechigunk un so. Abers pollitische Sachens sünd mein Gebiet. Irgendwas wiss doch zu Hause noch zu mellen ham.
Und Natalje entrechtete mir weiter. »Kuck ma«, sacht sie, »dascha so wie er sacht. Habbich selps erforscht.« Nu komms du.
Nu issas Weib auch noch unter die Seelenklempners, Tiefenheinis und Meinunksforschers gegangen.
»Kuck ma«, sacht sie, »als ich aussas Wahllokal kam, da treff ich doch all die Weibers vonnen Altenkaffee. Die sagen je ümmer, daß ich einen Radekalen bün. Ich sach zu sie: ›Tschä‹, sach ich, ›nu hab ich den Nohbät Gansel als Süschtemzertrümmrer mittie erste und uns Willy mittie zweite Stimme gewählt. Uns hattas noch nie so gut-

gegangen as jezz, un ich as Doitschen wa auch noch nie so angesehn innie Welt as nu. Ich wollte dankbar sein!‹«

»Tschä und?« sach ich und wa noch vegräzzter.

»Nu komp es«, sacht Natalje, »da sacht doch die Gesine Stuhr, die ich ümmer in Vedacht ham tu, daß ihr eine vonnie zweiunvirsich Zedehu Stimmen in unsen Bezirk is, da sacht doch düss olle Pestür: Jewooll, sacht sie, dankbah muß man sein. Bin ich auch. Früher Konrad Adenauer und nu den Willy Brandt! Kuck, Kuddl, nu weiß du, was Kansslerbonus is. Das is nich Überzeugung. Das is ein Fohm vonnie Dankbahkeit.« Nu komms du.

Macker, ich bün für radekale Gesellschaftsrefohm, Gleichberechchigunk und alles. Abers sonn Dings wie mit den Kansslerbonus, das nagt an meine Gefühle. Is die reine Dusslichkeit. Vermiest dich deine Rolle innie Familje und die Freude annen Wahlsiech. Na, nich ganz, abers fast.

Vonnen Gedächtnisschwund

Öih, Macker, du weischa, ich bün einen vonnie Gemäßichten. Abers wenn den annern schon ein vorn Lazz geballät gehörn tut, denn richtich un ein für allemal. Un ich bin nu die Meinung, daß wir viel zu wenich Linke ins Fähnsehn ham und zuviel Ahschlöcher innie Regierung.
Mein Natalje hat einen totalen pollitischen Siech über mir errungen. Das kann unsenein je ab. Wir kriegen je öfters ein vorn Lazz. Abers dassie dir zu rech die eichnen Genossen um die Ohrn haun, das tut weh. Vor alle Dinge deshalb, weil die ollen Pomuchelsköppe, die sie dich ummie Ohrn haun tun, da ja nix von mähken. Bloß unsenein mähk das.
Tschä, das kam vonnas Pantoffelkino. Da zeigen sie, daß die Zehdehu für den Faschismus is, wenn ihr selps demekratisch annie Regierung bleim tut. Dascha nix Noies. Abers denn kam das ganz dick. Unse Regierung nimmt ganze hunnert Mann aus Schileh auf. Die wern durch den Vefassungsschuzz unnie Ahbeitsvermittlunk ausgesucht. Nu komms du!

Mein Natalje sachte furts: »Das is schön«, sacht sie, »Tausende wolln da raus, bevor sie abgemurks wern. Un wir, wir schicken womöchlich noch sonn paa olle Nazis hin, die liehm Gott spieln dürfen. Wen in Blutkeller soll un wen innen gollenen Kaptalismus dahf.«
Natalje sacht: »Gegen den Menschenhannel mit die ahm Schweine aussie Türkei«, sacht sie, »die sie noch die Maggarine vons Brot klaun un die hieä zu Zehndausende as Illegale rumbiestern und ausgepowert wern, dagegen könn sie nich richtich was tun. Von wegen den Rechsschtaat un so. Abers in Schileh, da könn wir sie direktemang innie Kazetts jagen. Dazu langt unse Menschlichkeit ümmer.«
Nu komms du. Un rech hat ihr da auch noch in.
Natalje sacht: »Milljonens«, sacht sie, »halten wir uns as Haustiere.

Milljonens ham wir hieä as unse Schietkleiers un Gastahbeiters, abers bei hunnät Mackers aus Schileh, da nehm wir das mittie Humanität ganz genau.
Sach ma, Kuddl, brauchen wir für sonn Schiet zu baun eckstra ne sozeal-liberale Koalitschon? Meins du nich, für sonne Scheiße in Kübels könn wir annere ranlassen. Von die erwartes du wenichsens nix anneres, wenn es um Menschenleben gehen tut.«
Macker, nu komms du! Ich sach: »Tschä«, sach ich, »ein paa Antinazis hattas bei uns ja auch gegehm. Ein paa von unse Emigranten solln je in Regierunk un Pallament sein. Wenn damalige Zeit, as bei uns dootgehaun wurde, die annern Regierungen sich alle so belämmert angestellt hätten, as unse das nun tun, denn wärn die meissen von ihr woll schon lange doot. Abers selps die ham ja woll schon allens vegessen un nix dazugelähnt.«
»Tscha«, sacht Natalje, »schnell tritt den Dood den Menschen an. Das is in Schileh auch so. Un noch schneller läuft den Gedächtnisschwund bei uns. Un den fängt oben an.«

Macker, ich frach bloß, wie so was angehn kann. Sünd wir Menschens oder Kamele? Nu komms du!

Vonnen pollitischen Ton

»Nu komms du«, sacht mein Natalje, »nu ham die Schungsozalissen den Bunneskanssler angegriffen. Und wegen was? Wegen die Amis ihrn Völkämohd in Wietnamm.«
Ich sach gahnix. Was soss zu so was sagen?
»Wa'um sachst du nix«, sacht Natalje, »bleip dich da die Spucke wech?«
Ich sach: »Mein Beste«, sach ich, »wenn ich hier sonn richtigen Geier innie gute Stube sezzen tu, denn stehst du untä Wasser. Soviel Spucke hab ich auf Lager. Abers zu sonn allgemeines Gesabbel, da fällt mich nix zu ein. Mit Spucke hat das nix zu kriegen. Blots mit Geiss.«
Mein Natalje holt tief Luff, läßt ihr in lütte Pusters wieder ab un sacht: »Bis nu«, sacht sie, »hab ich nich gewußt, was eletäre Aromagans – oder wie das sonss heiss – einklich is. Nu weiß ich: Du, Kuddl Schnööf, bis einen elitären Aromagänserich.« Nu komms du.
Ich sach: »Kuck ma«, sach ich, »da ham wir erssens das Problem vonnie Moral inne Polletik. Ham wir Krach gemach, als die Russens mittie Panzer innie Tschechei eingerollt sünd?«
»Tschewoll«, sacht Natalje, »das walte Hugo. Oder war das vielleich kein Schweinerei?« – »War es«, sach ich, »un bleip das auch. Un mittie Amis ihre Bombens?« – »Is auch'n ganz bannige Schweinerei«, sacht Natalje, »ein Woht hätt uns Willy ja da'über verlieän könn.« – »Hat ihm abers nich«, sach ich. Natalje sacht: »Hätt ihm abers müssen.« Ich sach: »Was hast denn diesbezüchlich gegen die Schungsozalissen?«

Erssmal kam ne Sendepause. Denn sacht mein Natalje: »Abers mich pass sie ihren Ton nich.« Ich sach: »Das is ers das dritte Problem«, sach ich, »steht in Knickebein, Umgang mit Menschens un anneres Geflügel, abers ers kommt noch das zweite Problem, un das is die Polletik. Die Schungsozalissen wolln, daß die Bunnesrepublik an-

nie Amis kein Geld mehr bezahlt für sie ihre Truppens bei uns.« »Sehr richtig«, sacht Natalje, »sehr gut.« Ich sach: »Da bün ich gegen. Sonss ziehn nämlich die Amis von uns ab.« – »Warraftich«, sacht Natalie, »und du wiss berappen?« Ich sach: »Wern wir woll müssen.«
Da hat mich mein Natalje von oben bis unten angekuckt, daß ich am liebsten innen Boden versackt wär. Sie sacht: »Un du wiss einen Politiker sein«, sacht sie, »ein Waschlappen bis du! Schreib ein Brief annie Schungsozalissen. Ich will Altersmitglied bei sie wern.« Nu komms du!

Da sizz ich nu un sezz ein Brief für ihr auf. Da'in steht, daß mein Natalje sicht fühlt als ein Schungsozalissen. Und daß ihr ein Spezaliss is is für guten Ton. Oih, Macker, was sachs nu?

Von Kuddl as Anti

Mein Natalje sacht: »Mensch, Kuddl«, sacht sie, »nu hör mich blots ma mit dein ewiges Gemecker auf. Du bis mir einen ewigen Anti.«
Nu komms du!
Dabei wa einklich gah nix los. Ich war blots bei un sachte, daß den Löwenthal innie Löwengrube gehörn tut. Un daß die Studenten, die er aussie Bunnesrepublik nach Amerika auffe freien Studienplätze hieven will, mal mittie Negers demonschtriän könn un sich ihr Arschvoll vonnie Pollizei abholn. Denn kriegn sie ein Bild vonnen Klassenkamff.
Ich sach: »Tschewoll«, sach ich. »Stimmt, ich bün ein Anti. Denn in Zeiten as düsse, wo kein Schwein weiß, wo das nu einklich langgehn soll, muss du für dir selps wenichssens wissen, wo das nich langgehn soll. Und eididei un sühste woll bün ich ein Antikommenissen. Denn wenn bei die die Mackers da ohm machen können, was sie lustich sünd, und dir einspähn, wenn du meckern tust, dazu brauch ich nich ers den Kommenismus einfüän. Das kann ich bei uns bekwemer ham.
Und wenn ein beikommt un sacht, daß Hitler seine SA-Führung abmurksen tat, das war ein Siech vonnas Monopolkaptal, abers wenn Stalin die olle Garde von Lenin abgurgelt, denn isses fürn Fohtschritt vonnie Menschheit, denn hat den nich alle Tassen in Schrank.
Un eididei un sühste woll bin ich ein Antifaschissen. Denn wenn ich nix zu sagen ham soll, kann ich ja gleich den Strauß als unumschränkten Pollizeipräsidenten annie Spitze vonnie Bunnesrepublik hieven. Ich, Kuddl Schnööf, will wenichsens dagegen sein könn, wenn ich schon nich dafüä bün.
Un denn bün ich ein Anti-Springer-Fänn. Denn wenn mich schon mein Gehirn verkleistert wern soll, denn will ich den Schiet nich noch selps bezahln.«

Ich war ohrntlich ausse Puste. So habbich mir lange nich aufgerecht. Macker, is das auch ein Aht un komm dich mit sonn Anti-Kwatsch in dein eigen Wohnung mittenmang auffe seelischen Gemüsebeete?
Mein Natalje sacht: »Abers, Kuddl«, sacht sie, »den Menschen muß doch auchmal füä was sein. Posetif, Kuddl, posetif! Gib das denn gan nix, wo du füä bis?«
»Tschewoll«, sach ich, »das gib das. Abers auch inne Fohm von anti.« – »Igittegitt!« sacht mein Natalje. Ich sach: »Ich bün ein überzeuchten Anti-Antialkeholiker!« Nu komms du!

Da kriechte mein Natalje ein Flunsch, dassu da auf baun konntest. Von Freude keine Spuä. So isses, Macker. Anti soss nich sein. Bis denn posetif, freut sich dein Olle nich. Denn is die anti. Dies, so sacht euch euern Kuddl, is der Kreislauf vonnie Buddel. Ihr komp nie richtich zupaß.

Vonnie Schtaatsanschprache

Mein Natalje schubs sie ihr Figuä in Sessel zurech un sacht: »Nu fang an, Macker!« Un den Breschnijeff lechte auffe Mattscheibe los un krichte ümmer sonn epileptisches Zucken. »Den hamse woll Heffzwecken untern Mors gepackt«, sacht Natalje. »Den Kollegen find je gah kein Enne«, sacht sie, »dascha kein Anschprache, dascha 'n ahmtfüllendes Programm.«

As ihm denn mit Ahbeit, Glück un Frieden davon abgekomm wa, sacht Natalje: »Den Macker«, sacht sie, »sieht je aus as den strengen Lehrer Tünnermann, den uns damalige Zeit jümmers so verklopp hat. Wen seine Kinners liebt, den züchticht ihr, sachte ihn. Un ihn muß uns bannich geliebt ham.«

Ich sach: »Bei den Breschnijeff«, sach ich, »geht die politische Liebe zu seine sozalissischen Kinners in seine Lagers, vonnie Züchtigung bis zu die Notzüchtigung. As es de Besezzung vonnie Tschehes-hesher dastelln tut. Wem die Tschechen liep, dem züchticht sie inne Not.«

»Wennu ihn so schnacken hörst«, sacht Natalje, »isses scha woll nich die Möchlichkeit. Abers«, sacht Natalje, »die Mischung aus Friede un Geschäff is richtich. Da kanns über schnacken. Blots mittas Bezahln, da musses bei die Zoffjetts woll an hapern. Ich hab den Häbät Wehner beim Emfank vor die große proletarische Fresserei beobachtet, konns ihn ohne Feife knapp erkenn. Denn fehlt ihn was an sein Gesicht. Den kratzte sich blots jümmers innen Nacken.«

»Wennu glaubs«, sach ich, »dassie großen Geschäfte so sünd, as wie uns lütte, gegen bah Kasse un so, denn bis du schiefgewickelt. Das geht allns auf Pump un Beschiß. Wenn die die vielen lütten, ehrlichen Loite nich ham, denn sind die so ahm, dassie so hungrich sünd, dassie nich wissen, wie vor Durst in Schlaf komm solln.«

»Na ja«, sacht Natalje, »Haupsache, sie komm nu nich mit den annern Gauner, den Nicksen, achterran.« – »Wieso nich«, sach ich, »das hannelt sich um Schtaatsbesuche, Polletik un Geschäff un nich um Sitte un Anstand.«

»Geschenk«, sacht mein Natalje, »dat weet mien Büx. Abers uns Willy wird mich bei all die Fresserei da zu dick bei. Is bald nich mehr mein Tüp!« Nu komms du. Was allns aus sonne Anschprachen bei rauskomp. Kann ein bange vor werden.

Ich sach: »Bei die großen Geschäffe«, sach ich, »isses wie bei den Breschnijeff seine Schtaatsansprache. Geht auf unse Kossen. Düsma ham sie den Krimi verschoben un vorher die Kredite. Das is bei die Schtaatskaptalissen as wie bei die Kaptalissen. Bei die Kommenissen komp ers den Schtaat un denn den Kredit. Bei die Kaptalissen komp ers den Kredit un denn den Schtaat, den für ihm gradestehn soll. Das kann unsenein abers Jacke wie Büx sein. Es wird grade gestannen mit uns Geld. Indem daß wir die meissen sünd, ham wir auch das meisse Geld. Innen Kaptalismus darfs damit noch die Unnernehmers reich machen unnie Schnauze halten. Un bei die Kommenissen bezahls alle Generale un hälts auch die Schnauze. Da um hat ihm auch in Fähnsehn geschnack, da gibb das keinen, den da mangbölken kann. Da is ihm nich träniät auf.«

Vonnen Börgerkriech

Ich komm nach Haus. Was meins du, wassa los is? Mein Natalje hat die ganze Bude auffen Kopp gestellt. Die Schränke hat sie vor die Fensters geschohm. Innie Küche die Tischplatte kwer vors Fenster mit Stühle abgestüzz un so. Ich sach: »Was issen nu los?« Mein Natalje sacht: »Ich bereite mir auffen Börgerkriech voä.« Nu komms du.
Ich sach: »Dascha intressant«, sach ich, »bis du da'um bei un machs die großen Küchenmessers schahf?« – »Tschewoll«, sacht Natalje, »wezz die langen Messer, wezz die langen Messer...« Nu fing ihr auch noch an zu singen. Ich sach: »Sach ma«, sach ich, »wars du bei mein Konjack?« – »Nöö«, sacht Natalje un kizzelte mit sie ihren Daumen die Schähfe vonnas Messer. Ich sach: »Ich hab je nix dagegen«, sach ich, »dassu die Messers ma schahf machen tus. Man kriechte je knapp noch den Schinken lütt. Abers deswegen brauchs je nich die ganze Bude auffen Kopp stelln.« Mein Natalje plierte mir blots an un weckzelte den Gesang. »Auf zun lezzen Gefech...«, grölte ihr. Ich ging so ganz suttje rückwähts auffe Küchentür los un sah zu, daß ich die Klinke innie Hand kriegen tat. Steht je dauänd innie Zeitungen, dassas ein Bazz übern Kopp kriegen tut un denn geht das Abmurksen los. Ich will je schließlich noch was von meine Rente ham. Un nich as tote Leiche innie Schlachzeile vonnie Mottenposs stehn.

Natalje sacht: »Du weiss wohl nich, was anliech, wa?« Ich sach: »Mors an Poller un den Küchentisch vors Fensser.« Natalje sacht: »In dein kleinbörgerlichen Leichsinn«, sacht sie, »hassu je woll ganz übersehn, daß den Professor Carssens vonnie Zehdehu den Börgerkriech ausgerufen hat. Den lurigen Hund will ich woll weisen, wassas heiß, mir, Natalje Schnööf, mitten Feschismus unnie Millitäer-Dicktatuä annas Eingemachte zu gehn.« – »Hääh...?« sach ich.

Natalje sacht: »Den Kääl komp doch bei«, sacht sie, »un sacht zu Schileh un die Abmurkserei da, dassas nu klah is, dassas mit Demekratie einäseits un mahkzissischen Sozalismus annäseits nich gehn tut. Nu komms du!« Ich sach: »Tschä und«, sach ich, »das sachten Hugenberch und Goebbels doch auch schon.« – »Ehm, ehm«, sacht Natalje, »ich will den Sozalismus, un den Macker will deswegen Börgerkriech. Ihm soll ihm haben.«

Ich sach: »Natalje«, sach ich, »komm zu dir. Sozalismus un so, ischa klah, wolln wir alle. Abers doch nich gleich. Wir ham je noch nich ma gemerk, was wir uns für ne Scheiße anrührn tun. Wenn, denn isses was anners. Wen will denn bei uns Sozalismus? Wir wolln doch Kaptalismus mit Pille. Alle Freuden, abers keine Folgen. Un unse Regierunk...«

Mein Natalje lechte das Messer wech un kippte den Tisch vons Fensser. Sie sacht: »Has rech«, sacht sie, »ich wa meine Zeit ma wieder um zehn Schahre voraus. Den Professer hat noch nix zu befürchchen. Blots ich.«

Nu komms du.

Vonnas impratife Mandat

Öih, Macker, weißt du, was das impratife Mandat is? Ich un mein Natalje wollten das nu ma wissen. Wir stellten Fähnsehen an, is 'ne Diskuschon über impratifes Mandat in. Die ham da rumgekwasselt, als wenn die Volksvertreter kaschtriät wern solln, nachdem sie, wenn sie gewählt sünd, das Volk as sochches kaschtriän tun. Was beides nich sein soll. Du abers die Wahl mang has.

Mein Natalje sacht: »Mang all die Kaschtraten«, sacht sie, »komm ich nu nich mehr mang durch. Dascha ne traurige Zeit für lehmslustige Fraun, die da innen Anzuch is. Kuddl, nu sach ma, was issen das nu, das impratife Mandat?« Nu komms du!
Nach dem ich mir innie Nase gepuhlt und annen Kopf gekratzt hatte, sach ich: »Impratifes Mandat is«, sach ich, »wenn die Wählers sie ihre Abgeordneten ümmer bein Schlawickel kriegen könn, bevor sie abstimmen tun. Un achterran ers rech.« – »Das is gut!« sacht Natalje.
Ich sach: »Das is nach die Vefassunk«, sach ich, »eben verkehrt. Da sünd sie blots ihr Gewissen unnäwohfen, abzüchlich fümsichdausend Mahk. Und die annern, sonne as du, die das impratife Mandat wolln, die wolln nich blots alle vier Jahre ma wähln, die wolln jümmers selps bestimm.« – »Bin ich füä«, sacht mein Natalje. Kaum war das Woht ihrn Mund entflohn, kommt unsen Neffen Heini mit alle Anzeichens vonnie totale Auflösunk reingestürmp und sacht: »Zoffie is innie Klinik«, sacht er, »das Kind is drei Wochen zu früh gekomm.« – »Mein Gott«, sacht Natalje, »heute macht ja woll jedenein, was er will.«
Ich hab Heini ers ma ein Konnjack eingeflößt, indem das Kinderkriegen für die Väter bekanntlich ein banniges Stück Ahbeit is. Ich sach: »Heini«, sach ich, »büst du für das impratife Mandat, indem es demekratisch is unnie Selpsbestimmunk von jeden fördern tut?« Uns Heini is dafüä. Erssens is ihm Jungsozaliss un zweitens überhaupt.

Ich sach: »Natalje is auch dafüä«, sach ich, »blots wenn die Ungebohrn davon Gebrauch machen un bestimm, wenn sie auffe Welt komm, denn is sie dagegen. Was is das für ein Konsekwens? Euern Lütten hat davon Gebrauch gemach. Ihm is konsekwent.«
»Blots«, sacht mein Natalje, »gelandet is ihm erstmal innen Brutkasten!« Nu komms du!
An sonn Kwatsch as wie mit vohne Impratif innas Mandat rein un achtern mit den Impratif wieder raus, kanns an sehn un belehm, wie wankelmütich des Volkes Seele is. Kannscha bei Natalje klah erkenn. Ich as sochchen bün für den Abgeordneten sein Gewissen. Abers ich will vorher wissen: Erssens, hat ihm eins? Zweitens: Was steck da achter? Macker, wir brauchen ein Röntchenapprat für Gewissen. Sons komm die ümmers damit raus, daß all den Schiet un Kanehl direcktemang aussas Gewissen komp. Un da, da bün ich gegen. Gewissen? Tschewoll! Schiet un Kanehl? Nöö!

Vonnen Pahteitach

Mir hatten sie auffen Ess-Peh-Deh-Pahteitach geschickt, indem ich in Momang krankfeiän tu un so un so nix Richtiges zu tun hab. Mein Natalje sacht: »Na, Kuddl«, sacht sie, »wie isses Befinden? Fix gesoffen un so? Wie wars denn?«

Ich sach: »Och«, sach ich, »einklich war gahnix los. Bis auffe Begeisterung natürlich. Vor den Pahteitach war es viel schöner. Da hatten sie sich noch fix bei die Köppe. Abers bis sie in Hannovä da warn, da warn sie schon alles losgeworden. Nun kam die große Schlußzümfonie mitten lütten Morsvoll für die Rechten. Tschä, un mittas Saufen, da war nix. Die solln man ersmal die Lehmskwalität auf sie ihre Pahteitage einführn. Vierzehn Stunnen an Tach ham wir da innie staubige Bude rumgehockt un ham gekwasselt.«

Mein Natalje sacht: »Un das is allens«, sacht sie, »dascha man mau!« – »Nöö«, sach ich, »mitnichten. Ich will den Ess-Peh-Deh-Pahteitach vermarkten. Als Unnernehmer mach ich da meinen großen Reibach. Den Mahkt für die Demokratisierung vonnie Demokratie is noch gahnich erschlossen. Un ich, Kuddl Schnööf, hab die großen Idehns!« – »Das soll mich mal verlangen!« sacht Natalje.

Ich sach: »Ersmal«, sach ich, »will ich ne Buchreihe mit so Stücker dreißich Bänne rausgehm. Da'auf hat mich unse Bunnestagspräsidentin Annemarie Renger gebrach. Ihr frachte nämlich: ›Welchem Zweck dient die uns aufgezwungene Theoriedebatte?‹ Nu komms du!«

Natalje sacht: »Da brauchs keine dreißich Bänne zu«, sacht sie, »das hab ich mit drei Säzze geschnallt. Wen nich weiß, was is, weiß nich, wo das langgeht. Ihm komp da raus, wo ihm nich will. Ers Grüzze in Kopp gieb Murr innie Knochens!«

»Für Leute als du«, sach ich, »wern die dreißich Bänne auch nich gedruck. Ich dachte da mehr an Leute, die schwer von Kapeh sünd, nämlich die Bunnestachsabgeohnetens, Senaters un so.«

Natalje sacht: »Un du glaups, du Döösbaddel«, sacht sie, »daß die

Büchers kaufen?«
Ich sach: »Klah«, sach ich, »kaufen die. Die Büchers kriegen ein Halbledereinband mit Goldschnitt. Das belept die Tapete ungemeihn. Das macht Eindruck von Büllunk, Sollidetät un Fortschritt. Da geht nix über. Das is nich ein Problem vonnas Lesen. Das is unlösbar. Lesen tut kein Aas. Das is ein Problem vonnas Immitsch. Das will scheden ham. Koss blots Geld un kein Aabeit mittie Grüzze. Das Problem is da'um lösbar.« Nu komms du!
Natalje sacht: »Kuddl«, sacht sie, »da wird nix aus. Ham die viel zu viel Angs für.« Ich sach: »Wieso das denn?« sach ich. Natalje sacht: »Kuck ma«, sacht sie, »frühä wahn richchiche Sozalissen innie Pahtei. Un wenn sie mit die ihre Zitate rumschmeißen, denn komm die Loite da achter, dassas Godesberger Pregramm auch noch fürn Sozalismus is.« Nu komms du. Soll mir ma velangen!

Vonnie Bekloppheit

Öih, Macker! Ich weischa nich, ob dich das auch so gehn tut. Mir scha. Wennich die Zeitunk gelesen hab, denn denke ich menniches mal daüber nach, ob die nu alle beklopp sünd oder ob sie blots uns für verrück halten. Wenn sie mein, das wir beklopp sünd, denn maches je noch angehn. Abers, wenn die da oben es *sünd*, Macker, denn wird es leger. Denn so ischa die Demekratie as sochche auch nich gebaut, daß wir, assie halpwechs noch Vennünftichen, den furts ans Rudä komm. Du muscha damit rechen, daß die, die nach die Bekloppten komm, noch bekloppter sünd.

Ich sach zu mein Natalje: »Natalje«, sach ich, »nur denk dir da blots ma rein. Hieä steht, daß einen Zehdehu-Minissä, ein von den Strauß seine Trabantens, dafüä is, ein tetalen Ehnägie-Vebund mittie Ossschtaaten zu machen.« – »Tschä, und?« sacht Natalje. Nu komms du.

Ich sach: »Is das allns«, sach ich, »wassu diesbezüchlich dich abreißens kanns? Tschä, und? Mann innie Tünn, es ischa woll ein dicken Hund un komm bei un sagen so was. Un denn auffie annere Seite da über lamentiän, dassie mittie Ossveträge die rote Flut uns nu schwahz un dich umlagät, un blots da auf töft, daß ihr uns veschlingen kann.« – »Da seh ich auch nix in«, sacht Natalje, »den Macker hat doch wenichsens kapiät, dassie Gefah auch schwahz is.«

Ich sach: »Das hat ihm je auch gannich gesacht«, sach ich, »ihn ...« – »Du abers«, sacht Natalje. Ich sach: »Ich mein je blots«, sach ich, »dassu nich beikomm kanns un gehs mittie Kommenissen as Doitschenfressers zu Knass un denn wiss dir mit sie bezüchlich die Ehnägie in ein Süschtem vebinnen.« – »Da seh ich auch nix bei«, sacht Natalje, »kuck ma, das eine das soll Polletik sein. Un das annere, mein liehm Kuddl, das is Geschäff.« Nu komms du. Ich sach: »Irgendwo«, sach ich, »mussas je woll auch noch ne Logik innie Polle-

tik gehm.« Natalje sacht: »Ich hör blots ümmers Logik«, sacht sie, »gibb das da Dividenne auf?« – »Nöö«, sach ich. Natalje sacht: »Denn ischa allns in Ohdnunk«, sacht sie, »die Polletik brink Stimm. Un den weß-ößlichen Vebundsdingsbums brink Dividenne. Schtimm für die Zehessu un Dividenne für Akschenäre. Kuck, so rauch bei die den Schoßstein un bei dir dein döösigen Kopp!«
Ich sach: »Un den Umweltschuzz?« sach ich. »Hieä schteht, dassa bannich viel Atomschtrom mang sein soll. Natalje, denk annie Kataschtrofe, die da achter lauern kann!« Natalje sacht: »Erssens«, sacht sie, »Schtrom is Schtrom. Zweitens, stehn die Wähke bei uns oder bei die drühm?« Ich sach: »Is das ein Aggement?« sach ich, »Menschen sünd Menschen, un Kataschtrofe is Kataschtrofe.« – »Nee«, sacht Natalje, »stimp nich. Solange as ich denken kann, ham die Kommenissen ümmer gesacht, wenn sie dasselbe machen assie Kaptalissen, dasses gans was annäs is. Hitläs Kazetts wahn Mohdanstalten. Stalins Kazetts wahn pehdagohsche Anstalten für Zurückgebliehmne. Ne Atomwähkkaschtrofe is bei die ein wahmen Regen für sie ihre Erpanlagen!«
Macker, nu komms du. Wo sünd nu die Bekloppten?

7. Was ihn sonss noch passiät

Vonnie doitsche Seele

Öih, Macker! Ich weischa nich, ob du Krischan Buer kennen tus. Is ein von mein Natalje ihre Vewannschaff vons Land. Ich kann für ihr nix. Den Menschen kann sich seine Eltern un Vewannte je leider nich aussuchen. Sonss wär ich Krupp. Pleite, abers mit ein paa Milljon Rente ins Schahr.
Krischan steht so rechs, dasser bald links wieder rauskomp. Ihm komp in uns Wohnung un kuck unter unse Betten. Nu komms du! Natalje sacht: »Was has dein Rüssel unnä unse Betten zu stecken«, sacht sie, »kümmer dir um dein Misshaufen zu Hause un nich ummen Schtaub unnä uns eheliche Spielwiese.« – »Indem daß ihr Linke seid«, sacht Krischan, »kuck ich ersma nach, ob da nich einen Agenten unnäliegen tut.« Natalje sacht: »Wenn schon jümmers die Bild-Zeitung lesen muß, brauchs scha nich unbedink auch noch auffie Resse von dein Vestand verzichen. Selps denn nich, wenn zwischen beides einen logischen Zusammenhang besteht. Dennoch solltest du wissen, daß Schpione, assu aus ›Bild‹ weiß, sie ihr schwere Aabeit nich unnä, sonnern innas Bett ausühm tun.«

Ich sach scha nix. Was soss zu sonn Dööskopp sagen? Un dassen Haufen Doitsche so döösich is as uns Krischan, dascha länks kein Geheimnis mehr, dassu veraten kanns. Das weiß scha scheden.
Krischan sacht: »Tschä«, sacht er, »so isses nu ma. Verrat umlauert die doitsche Seele schwahz un dich. Mitten erssen Kriech hattes nich funkscheniät. Wa'um nich? Verrat! Mit uns Adolf in zweiten Kriech hattes nich funkscheniät. Wa'um nich? Verrat! Mitten Brand unnen Breschnijeff hattes nich funkscheniät. Wa'um nich? Verrat! Un wen steck da achtä? Die Schuden, die Freimaurers, die kaptalissische Intänatschonale unnie bolschewissische Intänatschonale. Ümmä dasselbe.«
Ich sach: »Unnen Breschnijeff«, sach ich, »issas keinen Bolschewissen? Hat ihm sich selps verraten?« – »Verdorri«, sacht Krischan,

»stimp! Bei die Brüders vergeß ich jümmers, daß die ma as Bolschewissen un Rote angefangen ham!« Nu komms du!
Natalje sacht: »Krischan«, sacht sie, »dassu so ma nehmbei Resse von Vestand zeigen tust, das läßt mir jümmers noch hoffen. Du meins doch, den Brand will uns auch verraten?« – »Tschewoll«, sacht Krischan, »mit Rupp un Stupp.« Natalje sacht: »Un dassen Ossen annie Elbe sizzen tut, das liecht doch da an, daß dein Adolf den Zweiten Weltkriech...« – »Allens Verrat«, bölk Krischan. Natalje sacht: »Krischan«, sacht sie, »is dich denn noch nie die Ideh gekommen, daß Hitlä einen bolschewissischen Agenten wa, den sich den Wech nach Belliän öffnen tat? Denk ma nach, Krischan!«
»Nööö!« bölk Krischan. Ihm gröhlte as ein Bullen, den bei ne künssliche Besamung zukucken muß. Denn sacht er: »Natalje«, sacht er, »übä Verrat denk ich nich mehr nach. Kann ein scha den lezzen Glauhm nehm.« Natalje sacht: »Bloß richtich muß du glauhm, Krischan«, sacht sie, »realissisch, as die Gebülleten sagen. Glaub da an, dassie doitschen Schteuäzahler dir as Bauän nich pleite gehn lassen. Denn liechs du so ungefähr richtich.« – »Tschewoll«, sacht Krischan, »da dahf auf kein Fall Verrat einreißen!« Nu komms du.

Von Kuddl sein Geld

Mein Natalje sacht: »Du, Kuddl«, sacht sie, »sie wolln jezz wieder die Werffen zubwentioniern. Ischa gut, nich? Denn kriss wenichssens deine Invahlidetät auffie olle Klamottenbude zu fassen. Laß den Schtaat man berappen.« Ich sach: »Da ischa was Wahres an«, sach ich, »doch mit das Berappen, da sünd noch bannige Knochens mang.« – »Kwatsch«, sacht mein Natalje, »ischa nich dein Geld.« – »Is doch mein Geld«, sach ich. »Denn«, sacht mein Natalje, »isses natürlich ganz was anneres!« Nu komms du.
Ich sach: »Kuck ma«, sach ich, »den Schtaat reiß sich das Geld doch nich aussie Rippen. Den kassiät doch erssma. Und wo kassiät ihm?« – »Bei uns«, sacht Natalje. – »Tschä«, sach ich, »un denn steck ihm das inne Werff, nich?« – »Uns Geld?« sacht mein Natalje, »die sünd je woll ganz un gah verrück. Denn solln sie das lieber mir gehm.« – »Un wen soll uns Wohnunk innas Altersheim baun?« sach ich. »Den Schtaat«, sacht Natalje. »Un wenn ihm das Geld nu inne Werff stecken tut?« – »Denn hol ihm der Deubel!« sacht mein Natalje. »Ich will sonn lütte Wohnunk mit sonne Patentküche.« – »Was wiss du nu eigentlich?« sach ich. – »Ich will alles«, sacht mein Natalje.
Da hab ich durchchie Gediehns gekuckt, ob da ein vonnen Vefassungsschuzz achter die Scheiben steht. Mein Natalje ischa nu woll bei die Roten Zelln. Ein Glück, daß ihr kein Beampen wern will.
»Wa'um«, sacht Natalje, »brauchen die denn dein Geld für dein Ahbeitsplazz?« – »Weil«, sach ich, »die Unnernehmers so rumgefuhrwerk ham, bis wir mehr Schiffe baun, as wir brauchen. Unnu wolln sie mein Geld, oder sie machen die Bude dich.« – »Hänk sie auf!« bölk mein Natalje. »Un ich kriech keine Wohnunk ins Altersheim. Die solln sie entähben und entmündigen. Erss zu viele Schiffe baun un denn keine Wohnunk innas Altersheim. Das ham wir gerne.« Nu komms du.

Mein Natalje sachte ein ganzes Enne lang nix. Wascha selten vor-

komp. Denn sacht sie: »Un das is Mahkwirtschaff?« – »Nee«, sach ich. »Das is sozeale Mahkwirtschaff.« – »Mit dein Geld?« sacht Natalje. Ich sach: »Klah«, sach ich, »ers mach ich sie ihre Gewinne mit meine Ahbeit, un denn erhalte ich mich mit mein Geld mein Ahbeitsplazz.« – »Mensch, Kuddl«, sacht sie, »wa'um büs du kein Unnernehmer? Un wennas man so'n lütten wär?«
Ich sach: »Ein lütten lank nich«, sach ich, »den kann noch pleite gehn. Da müssen son paa dausend Mann an bummeln. Denn wird das ers sozeal. Und denn mussas noch ne ganze Brangsche sein. So as bei die Kohle. Denn kriss Zaster vonnen Schtaat. Die Proleten dürfen ihre Ahbeitsplätze bezahln, unnas Sozeale is fertich.«
Mein Natalje sacht: »Unnie Wohnunk innas Altersheim is auch nich ihre Sorge«, sacht sie, »Kuddl, weiß du, womit die Schangsengleichheit anfangen tut? Daß wir uns als Kinner unse Eltern aussuchen könn. Denn hätten wir Kohlen, auch wennie Kohle pleite is.«
Nu komms du!

Vonnie Richtichen

Mein Natalje un ich, wir ham uns gans fuchbah über die Terroristen aufgerecht. Mein Natalje sacht: »Du, Kuddl«, sacht sie, »wenn ich auch da sons nich für bün, aber sonne Kadetten könnte ich so gans lanksam die Luff abgraben. So gans lanksam un mit Genuß. Nich blots so mit ein Rupps den Kopp ab, nee, gans lanksam.« Nu komms du.

Ein paar Tage später kriegen wir sonn Blatt inne Fingers, da stand in, wie das innie Flüchtlinkslagers vonnie Paläschtinensers aussehn tut. Zu fressen kriegen sie zum Stähben zuviel un fürs Lehm zu wenich. Die Kinners sünd krank un krepiän. Menschenskind, da stannen dich glatt die Haare bei zu Berge. So was, nee.
Mein Natalje sacht: »Das sünd mich die richtigen Pommuchelsköppe«, sacht sie. »Da schwimm sie in ihre Ölmilljahdens in rum, abers für sie ihre eichnen Loite ham sie nix für übä. Die lassen sie glatt verrecken. Ischa nich zu fassen, so was. Abers Kriech könn sie führn un da das Geld für zun Schonstein raushauen. Wenn ich auch sons nich dafüä bün, abers sonne Kadettens könnte ich auch gans lanksam die Luff abgraben.« Ich sach: »Tschä«, sach ich, »das geht nu schon Jahrenden so. Da könn wir alle ruhich bei schlafen. Da stört sich keinein an. Das Elend innie Lagers vonnie Paläschtinensers, das is nohmal. Un wenn die anfangen un gehn as wie die Verrückten mittie Welt zu Knass un murksen denn Unschullige ab, denn geht das große Gebölke los. Denn wern wir alle mittenmal bannich moralisch. Un mein Frau, Natalje Schnööf, is denn nich bloß füä die Todesstrafe, nee, ihr is auch noch für Menschen orntlich kwälen. Wenn ihr auch sons nich dafüä is.« Du, Macker, da war mein Natalje mittenmal gans ruhich un plieäte mir blots an.

Nach ne ganse Zeit sacht ihr: »Du, Kuddl«, sacht sie, »Unschullige mit ein Fluchzeuch vebrenn, das is doch nich richtich, nich?« –

»Nöö«, sach ich, »das is nich richtich.« Natalje sacht: »Un innie Milljahdens rumschwimm«, sacht sie, »un die eichnen Loite nix zu fressen gehm, sie vehungän lassen, das is doch nich richtich, nich?« – »Nöö«, sach ich, »das is nich richtich.« Natalje sacht: »Un denn is es auch nich richtich«, sacht sie, »daß wir uns blots ümmä gelegentlich ma aufregen un nich sehn wolln, wassa allns so achterstecken tut?« – »Nöö«, sach ich, »das is auch nich richtich.«
Da sacht mein Natalje: »Du, Kuddl«, sacht sie, »ich bleip dabei. Wennich da auch sons nich füä bün, abers sonne Loite gehört so gaaaans lanksam die Luff abgegrahm un den Schluck abgedreht. Aber soss blots die Richtichen treffen, Kuddl, die Richtichen.« So, Macker, nu komms du. So kanns selps belehm, as wie Terrorissen gemach wern. Mein Natalje sucht blots noch die Richtichen. Tschä, so isses... is auch nich richtich... nee, isses nich... abers annerrerseits...
Da kanns ma den Unnerschied zwischen mein Natalje un Stoltenberch belehm. Ihr merk das furts, wenn ihr sich auf meralisches Glatteis bewegen tut. Das komp da von, daß ihr nix vonnie Tehologie von ab weiß. Bei sie komp das mehr aussas Hääz oder glatt vonnie Seele. Abers wenn ihr ausgerutsch is, denn macht sie das as ein schtudiäten Paster. Ihr fracht. So auch hier.

Vonnen kalten Kaffee

»Du, Natalje«, sach ich, »den Fohtschritt blüht aller Ohten un is as sochchen nich aufzuhalten. Nu komm die Hohmone schon aussen Wassähahn.«
»Häh?« sacht Natalje. Ich sach: »Bezüchlich das Wasser as sochches«, sach ich, »gibb das mehrere Probleme. Schteht hier in ›Schpiegel‹, is asso höchsens zu Hälfte gelogen, un wenn schon, denn in besste Absich. Erstens is unklah, wo wir in siehm oder zehn Jahren was zu saufen herkriegen solln, zweitens isses frachlich, was wir heute schon as Getränke runterschlappern tun.« – »Bei dir, mein Bessen«, sacht Natalje, »is mich das völlich klah. Deine Getränke komm ausse Brauerei un ausse Destillatschon. Erssens Bieä, zweitens Köhm.« Nu komms du! Fängt die an un macht den »Schpiegel« Konkerrenz. Wo ich doch auch Grog und Konjacken trinken tu.
»Nu mach hieä kein dumm Tüch bei ernste Sachens«, sach ich. »Innas Trinkwasser geht jümmers mehr von all den schemischen Schiet inrein, un wieä saufen das.«
Natalje sacht: »Du vielleich, du Igel«, sacht sie, »abers ich hol mein Kaffeewassä nich aussen Lokus.«
»Das kanns du ruhich machens«, sach ich, »denn in uns Wassä ischa auch mit in, was aussen Lokus kommp.«
Mein Natalje spuckte ihrn Mundvoll Kaffee gleich wieder innie Tasse zurück. »Mach nix ingange«, sacht sie, »nimms unsenein sein letztes Vegnügen.«
Ich sach: »Tschä«, sach ich, »das nützt nu ma allns nix. Wir müssen die Waheit innie Pupille kucken un all den Schiet in uns reinkippen. Natalje, ich sach dir: in zehn Jahrn kommt auch die Pille flüssich aussen Wassähahn.«
Natalje sacht: »Kuddl«, sacht sie, »da muß abers die Regierunk ran. Da muscha was gegen tun. Das kannscha mein Tach nich gutgehn.«
Ich sach: »Den Flügelohr, den Gentschä«, sach ich, »den wird woll noch ne Kommischon und noch ne Oberkommischon einsetzen,

und denn geht es noch ummie Zustännichkeit.« – »Un wen is jezz un nu für mein Kaffee zustännich?« sacht Natalje. »Ich will Maßnahmens sehn un kein pollitischen kalten Kaffee vorserviert kriegen.« »Auf Maßnahmens kanns immer lange warten«, sach ich. »Abers ein büschen Hoffnunk ischa da noch in, weil auch Pollitikers gern Kaffee schlappern, un in Bezuch auf sie ihre eigene Körperlichkeit da sünd sie sehr empfindlich. Sie wolln durchie flüssige Pille nich noch ma un zusäzzlich unfruchbah wern.« Nu komms du.

Asso, Macker, kanns sagen, was wiss du, abers da bau ich ganze Schtadtviertels auf, wennas an sie ihre Hohmone gehn tut, denn tun sie auch was. Da kanns auf ab. Un wenn sie ersma da achter komm, daß sie ihre Fruchbahkeit auch sons zu wünschen übrich lassen tut, denn tun sie auch was. Es is blots zu hoffen, dassie in beide Fälle – wenn sie was tun – das Richtiche tun. Abers Wunner sünd nich ausgeschlossen. Auch nich, wennie Hohmone aussen Wassähahn drüppeln. Es könn je auch ma welche bei sein, die gut sünd für die grauen Zellen... Macker, denn wirs du Abgeordneten. Nu komms du.

Vonnie Vertrimmtheit

Macker, ich weischa nich, was du von Trimm-Dich halten tust. Ischa auch egal. Auf scheden Fall sünd mein Natalje und ich von diese Welle erfass. Wennas so weitergehn tut, denn wern wir eine vertrimmte Natschon. Un das in schede Beziehunk. Nich blots, dassie uns die Preise ummie Ohren haun as damalige Zeit den ollen Lehrer Meckelmann seine Schülers den Tafellappen ummie Ohrn, nee, wir machen uns noch selps keputt un den freien Sonnahmt auch.

Bei uns wa das so. An Sonnahmt mohgens um siehm trillät mein Natalje: »Kuddl, aufstehn! Trimmen!« Nu komms du. Un währntdem ich aussas Bett klabastern tu, reiß ihr schon das Fenster auf, streck ihren umfankreichen Busen aussas selbe, holt tief Luff und rasselt dabei as ein keputten Staubsaugä, denn pusset ihr die Luff wieder aus, dassu denks, du büs bei Hagenbehk un ein Nielferd komp aussas Wassä, un denn sacht Natalje: »Nein«, sacht sie, »wie isses doch blots hählich un erfrischend.«
Ich sach: »Klah«, sach ich, »sich so den gansen Industrieschiet innie Lungen proppen, da muß ein ers auf gebrach wern. Un denn muß dich noch einreden lassen, dassas gesund is. Einklich kanns so was blots Loite aufbinnen, die sich die Büxen mittie Kneifzange zumachen, abers wir Esels, wir wissen, dassie uns vertrimmen, un machen so was auch noch mit.« Mein Natalje sacht: »Du ollen Kwerkopp«, sacht sie, »du bis blots zu faul zun aufstehn.« Nu komms du.
Denn hat Natalje mich Stück für Stück aus ein schlaues Buch vorgelesen, was ich allns machen soll. Was ihr tut, das tut ihr leidenschafflich un auf wissenschaffliche Grundlage. Das hat für ihr je noch den Vorteil, dassie den Kehlkopf trimmen tut, indem ich mir nach sie ihre Kommandos abmarachen muß. »So«, sacht mein Natalje, »un hüpfen wir innie Grätsche, hopp, hopp, un aussen ein un zusamm, hopp, hopp! Nich so lasch, Kuddl! Un den klatschen wir

die Hänne übern Kopp zusamm. Un hopp, un hopp, un hopp! Düsse Übunk nenn wir den lussigen Hampelmann!« Macker, nu komms du!

Bei mich erfolchte in düssen Momang die Ahbeitsniederlegung. Ich streikte. Langte nach meine Büx und zog ihr an. »Was is los?« sachte Natalje. »Schon kein Luss mehr? Los, los, weitermachen!« Ich hab sie denn ersma gesach, wassie mir kann. Das will ich an düsse Stelle nich wiederholen. Wenn ich auch vertrimmt bün, so weiß ich jümmers noch, was Anstand is.

Und denn hab ich gesach: »Daß ich den Affen machen muß«, sach ich, »für alle möglichen Dussels, da bün ich als Lohnabhängigen scha gewöhnt an. Ehmso, daß ich nach alle möchlichen Feifens tanzen muß. Abers denn noch freiwillich früh aufstehn, wennu das gahnich nötich has, as ein Furz auffie Gediehnstange in dein eichnes Schlafzimmer rumhüppen, dascha schon ma das lezze. Abers es ischa woll das allerlezze, dir denn noch ein lussigen Hampelmann nenn zu lassen.« Kuck, Macker, das wa den Anfank vonnas Enne von dein Kuddl sein Vertrimmtheit.

Vonnie Schlogans

Öih, Macker! Weissu, was ein Schlogan is? Ein Schlogan is ein Buch in Stenegrafie. Indem, daß wir zu faul zum Schnacken sünd, sünd wir auch zu faul zus Denken. Um die Faulheit entgegenzukomm un doch dabei die grauen Zellen zu bewegen, is den Schlogan erfunnen wohden. Mit ein paa Wohte erfaß du ein ganzes Problem as sochches. Nu komms du!

Den Schlogan zun »Fall Steiner«: Es is ins Lehm häßlich eingerichtet, daß neben die Vefassunk ihre Schüzzers stehn. Gott schüzze alle, wo die Nahms mit Weh anfangen. Was ich as Wienand denk un tu, trau ich Onkel Häbät zu.

Als ich mein Natalje das verklickern tat, war ihr gans begeistert. Wir ham den gansen Ahmt Schlögänners gemacht, indem ins Fähnsehn Mattscheibe wah. Schlogan: Den Fähnsehn abstelln is aller Laster Anfang. Nu komms du!

Nataljes Schlogan zus Schtabilitätsprogramm: Den Schmidt is mein Hirte, mich wird's schon mangeln.

Un denn wurde mein Natalje rabiat, als das ihr Aht is. Die Ketholschen, die gegen die Abtreibung demonschtriän tun, will sie düssen Schlogan schicken: Die Kastratschon erspaht die Remedour bei sweihunnätachzehn.

Nu kam wir auffe Ideh, daß man auch ein doppelten Schlogan machen kann: Erst mal den Macker ein vorn Wecker kloppen, damit ihn wach wern tut, un denn gleich ein achter ran, woüber ihn nachdenken soll und wofüä ihm seine proletarische Kamfkraff, oder was ihm sonst an Kraff noch überham tut, für einsetzen soll: Jeder klassenkämffe vor die eichne Tüä! (Mitbestimmunk in Gewerkschaffsunternehmens)

Was dein is, is auch mein; was mein is, gehört noch lange nich dir! (Stärk den Geist der krisslichen Näächsenliebe)

Die Katze läss das Mausen auch mittie Schelle nich! (CDU will nu

auch Sozealrefohrm)
Vom Professoä soss dir nich mehr as Milch velangen! (Leistungsprinzip für alle)
Der Gott, der Eisen wachsen ließ, der wollte keine Rechte! (Berufsvebot für Berufsrevollutschonäre)
Mittie Rüssunk sünd sie fix, für die Büllunk tun sie nix! (Seelich sünd, die einfältichen Hääzens sünd)

Kuck ma, son Schiet kommt dabei raus, wennu ma selbst ein Schlogan erfinnen tust: Suup die duhn un freet di dick un holl dien Muhl von Polletik. Denn is dich den Wech bis zus höchste Schtaatsamp geebnet. Denn, wen bestich, den soll nich sölps ins Messer laufen.
Wer den Schlogan nich ehrt, is den Schwachsinn nich wert. Denn jeden Wehner find seine Feife. Nu komms du!

Vonnie Zeckzualität

Öih, Macker! Unse Gesellschaff as sochche kommp je ümmer mehr innie Kniep. Sie soll sich enthemmen. Da stecken abers bannige Probleme in. Indem du nu as netürlich vestehn soss, was frühä ma ein Schweinerei wa. Das geht mit den Paregrafen sweihunnätachzehn los un ennet mit die Zeckzualität as sochche. Mein Natalje sacht, dassie das nich vestehn tut. Das mit den Paregrafen. Natalje sacht: »Das Hühn un Pedühn«, sacht sie, »vesteh ich nich. Ich wußte schon as Kind: Wo ein Stricknadel is, is auch ein Wech. Is doch blots venünftich, un lassen das ein Ahz machen.«

Sie vesteht das abers auch nich mit das Enthemmen. Ich sach: »Kenns du den Schnack: Das Hemp heiß Hemp, weil es hemp?« – »Du bis ein ollen Igel«, sacht Natalje, »schäm dir. Je öller, desso döller. Aussie Flegenschahre solltes du bei lütten raus sein, mein Bessen.« Ich sach: »Abers kennen tates du den Schnack?« sach ich. Natalje sacht: »Hab ich as Kind auffe Straße gespielt«, sacht sie, »oder bün ich in ein Klosser erzogen? Klah, kenn ich den. Hat doch'n langen Baht.« Nu komms du.
»Das geht mich zu weit«, sacht sie, »nix gegen die Angelegenheit as sochche. Abers mich pass das schon nich, wenn sie an hellichten Tach, auf offene Straße, vor alle Loite sich ablecken tun. So was, nee! Ein Glück, daß wir as kinnerloses Ehepaah damit nix zu kriegen ham.«
Es klingelt. Wen steht innie Tüä? Peter Schmolt. Peter is Vater von ein Achzehnschährigen un hat die Reche un Flichchen von ein Erzieher. Ihm weiß blots nich, wie ihm die ersseren ausühm unnie zweiten nachkomm soll. Peter Schmolt wa fertich. »Den Bengel bringt mir in Zuchhaus«, sacht Peter.
Was wa passiät? Einklich wa gannix los. Sein Schung wa mit sein Freundin, die sechzehn is, angekomm. Ihr läänt un is in ein Mächenheim, indem ihr keine Eltern mehr hat. Innie Osserfeiertage

konnte ihr nich zu ihre Großmudder, so kam ihr zu die Schmolts. Den Schung sacht, dassas prima passen tut, indem Vadder un Mudder Schmolt je schon ne Reise gebucht ham. »Ham wir die ganse Wohnunk für uns«, sacht er, »du soss blots ihre Oma schreim, dassu da nix gegen has.« As Peter das erzählt hatte, wa ihn die Tränen nahe.

»Tschä, un denn?« sacht Natalje. Peter frachte sie, ob ihr schon mal was vonnen Kuppeleiparegrafen gehört hat. »Ich krichte Schüttelfross«, sacht Peter, »un bün ausses Zimmer. Mein Gesine hat denn die Deern gefracht, ob ihr wenichsens die Pille nimp. Tut sie nich. Is'n ketholsches Heim.« Peter sieht drei Möchlichkeiten: Erssens, sie sagen ja un komm wegen Kuppelei vor Gerich. Zweitens, sie nehm den Veluss in Kauf un verreisen nich. Drittens: sie sizzen denn zu viert inne Wohnunk. Un denn isser wieder bei erssens.

Ich sach zu Natalje: »Nu komms du«, sach ich, »wassen Aufstand um so was. Die ahm schungen Loite. Solln die vielleich bei das Wetter innie freie Natuä? Un sonn doofen Paregrafen! Nee auch doch.« Ich sach: »Abers was soll Peter nu machen?« Natalje sacht: »Da gehm sie Zeitungens un Zeitschriffen raus«, sacht sie, »wo du auffe Billers alles auf sehn kanns un so. Abers wennas praktisch wird, denn bis lakatsch. Springer muß ers eine Zeitschriff rausgehm: Das Lehm zu viert unnä den Kuppeleiparegrafen. Sons stehs da machlos wisawi.«

Vonnie noien Ufers

Ich weischa nich, Macker, ob das dir auch so gehn tut. Abers du, ich weiß nich, wo das hingehn soll, so allens in alles. Mich is denn jümmers ganz mau, wenn ich da über semeliä. Bei mein Natalje isses scha anners. Ihr sacht, dasses zu noie Ufers gehn tut. So von wegen, zu noie Ufers lockt ein neuen Tach. Ich hab da scha nix gegen. Ümmer ran annie Buletten. Abers mein Natalje weischa auch nich, ob annie noien Ufers fixe Buletten auf uns töfen oder ein dicken Modder mit noch mehr Schiet un Kanehl as nu.

So as mit uns Pörrzi. Zu sein Aptuä, wo ihm all die Schnacks geläänt hat, mit die du dir vonnen Barras freikwasseln kanns, ham ihn sein Öllän ein Auto geschenk. Nu komms du. Mein Natalje sacht: »Nich genuch«, sacht sie, »daß dem Bengel schon drei Autos von sein Vatä in Mors gefahrn hat. Nu kriecht ihm noch sölps ein.« Ich sach: »Das hat den Olln doch bloß gemach, damit uns Pörrzi das Prifateigentum as sochches schäzzen lernt.« Kaum wa das Woht den Mund entflohn, da klingelt schon den Telefon. Wer ist an? Pörrzi sein Muddä. Was is passieät? Den Bengel hat sich mit den nagelnoien Wagen übäschlagn. Auto in Mors. Lümmel heil. Bis auf 'n paa Beulen un Schrammen. Nu komms du.
Natalje sacht: »Ihr sacht«, sacht sie, »dassa Akwahplahnink bei ins Spiel wa. Wassen das nu wiedä?« Ich sach: »Das is ein Frempwoht«, sach ich, »für die olle Tatsache, dasses Wassä keine Balken hat un daß ein Auto kein Boot is. Un uns liehm Pörrzi hat sein Auto fürn Boot gehalten un is mit sein noies Auto un sein noies Aptuä mit Karacho durch dicke Füzzen. Bei alle Vorbehalte gegen autoritääh-repressife Ähziehung gehört den Flözz ein achtä die Ohrn!« – »Um Chottes Willn, nee«, sacht mein Natalje, »wenner aussas Krankenhaus komp, kuck ihn ers bei uns ein.« Ich sach: »Du mussas nich ümmer allns gleich so wöhtlich nehm. Chott sei Dank is ihm heil.«

Tschä, un denn komp uns Pörrzi auch schon reingelatscht. Mit ein Veband um Dööz un besse Laune. As wennas nix is. Kuck ma, den wa bei die Faht zu noie Ufers duch Akwahplahnink schon auffie Schnauze gefalln. Un denn büs noch froh, dassas so is: Auto in Mors, Bengel heil un noch in ein Stück.
Ich sach: »Kuck ma«, sach ich, »auch an düssen beinah Trauäfall as sochchen is dem Fohtschritt unvekennbah.« – »Wieso?« sacht mein Natalje. Ich sach: »Indem das hoite«, sach ich, »ers ma nach den Menschen gefrach wird. Damalige Zeit wa es anners. As uns Vaddä unnä große Verrenkungens für die Familje ein Fahrrad gekauf hatte un wenn ich mit Beulens annen Kopp nach Haus kam, denn wa den Ollen sein ersse Frage: Is das Fahrrad heil?« Da sacht Pörrzi: »Tschä«, sacht er, »inne kaptalissiche Konsumgesellschaft ham sie ehm Angs, daß sie ein Vebraucher velieän.« Nu komms du.
Natalje sacht: »Is ihm nu«, sacht sie, »duch sein Aptuä schlau oder döösich geworn?« Tschä, Macker, so isses auch mittie noien Ufers. Du weisses nich genau.

Vonnie Hammelhorde

Öih, Macker! Ich weischa nich, as wie dir das geht. Abers mir geht das beis Fäänsehn so. Es gibb mehere Fohms von Unnerhaltungens. Kwizze, Lotteriens mit und ohne Hund, Krimis, Boxkämffe mit und ohne Hanschen an, das is, wennie Pollitikers auf Fragen von Schurnalissen antwohten solln un sich jümmers welche vorn Lazz ballän. Sümbollisch, netürlich. Alles annere vestößt gegen die gehobenen Umgangsfohms innie böberen Kreise. Tschä, un denn gibb dascha noch die Kulltuä-Sennungen. Ich un mein Natalje glaum scha, dassa die meisse Wahheit in is. Indem daß uns meiss die kalten Gräsen den Puckel langlaufen tun. Wa'um? Kenns nich Natalje sie ihrn Schnack: Noch schwerer as eine Reihe von guten Tagen is blots die Waheit zu ertragen. Nu komms du!

Innie Sennunk Aschpekte ham sie uns den Kram mit die Luffveseuchunk vorgeführt. Macker, has so was belep? Wennu dir ma so richtich da reindenken tus, den kaufs dir'n Schtrick un schieß dir doot. Ehlich! Du muß die je fragen, ob die ganse Menschheit nich ne Hammelhorde is. Die Anwesenden ausgenomm. Mein Natalje sacht: »Da laufen wir den Wackstum achterran«, sacht sie, »un mich nix dich nix muß annie künssliche Lunge angeschlossen wern, indem dassie Luff nich mehr zus atmen is. So lange muß den Schornstein rauchen, bis die Lunge nich zu brauchen.« Ich sach: »Bei alle Hochachchung vor deine dichterischen Fähichkeiten«, sach ich, »das muß Luff heißen... bis die Luff nich mehr zu brauchen.« – »Kwatsch«, sacht Natalje, »nach die Spucke is dich doch die Luff wechgebliehm. Da'um kanns die Lunge nich mehr gebrauchen.«
Über so was streite ich mir je nich. Ich bün kein Schurissen un kein Pollitiker. Ich geh liebers die Sachen auffen Grund. Habbich gemach, du. Innie Schtaatbiplethek ham sie mir die Litteratuä gegehm. Da schreip sonn amerikanschen Macker mit sonn doitschen Judennahm. Wa woll auch ein von die, die wir wegen rassische

Minnerwertichkeit un zu hohe Intellischenz bei uns damalige Zeit umbringen wollten, dassa wenich Hoffnunk auf is, daß wir schlau wern.« – »Dascha klah«, sacht mein Natalje, »das weiß ich so. Da brauch ich kein Büchers zu. Kuck ich mir bloß mein Landsloite an. Die sünd noch nie schlau geworn.« Den Macker sacht, un wenna ers ma ein paa Hunnerten in Neujork wegen die Luff an ein Tach innie Grabbel gehn, denn spieln sie ers alle verrück un machen denn doch so weiter. Ich sach: »Natalje«, sach ich, »is es denn die Möchlichkeit?« Weiß, wassie sacht? »Doch«, sacht sie. Natalje sacht: »Kuddl«, sacht sie, »wo lange weiß du schon, dassie Lungenzuchschmökerei dem Krebs innie selbe föhdern tut? Seit 'n paa Schahre, nich? Un was tus du? Schmöks nich mehr? Oder wenichssens nich auf Lunge? Gannich zu denken an. Du ramms dich deine Nikotinspargels ümmer duch ihr duch.« Ich sach: »Natalje«, sach ich, »wennie Ähze sagen: Nich schmöken, nich saufen, nich mehr Weibers. Was has denn noch von Lehm?« – »Huch«, sacht Natalje, »du wecks bei mich je geradezu Erwartungens. Abers du lenks mir nich ab. Du selps, du Dööskopp, bischa genauso tumpich, as den Macker schreiben tut.« Nu komms du.

Macker, da hab ich erkannt: Die Menschheit is eine Hammelhorde. Den Anwesenden nich ausgenomm. Außer dir... netürlich!

Vonnie Fluchlotsen

Asso, es ischa einklich nix Besonneres, abers mein Natalje wurde beinah zu'n Kämpfer für Rech un Oddnunk. Besonders is in ihren Fall da'an, daß sie nun mal ein vonnie Schtaatszästörer wa. Erst für Annaschissmus und nu annersrum. Ich sach jümmers: Jeden Annaschissen trägt den Pollezeipräsidenten ins Gewand. Wenn er auch so tut, als ob er ihm in Mors ham möchte, damit er ihm innen Hafen kacken kann.

Tschä, un düsse Wandlung von mein Natalje kam »durch der Fluchlotsen Fügung«. Fügung hat ja ümmers was mit Himmelspiloten zu kriegen. Als mein Natalje auffe Mattscheibe all die Urlaubers sah, die fliegen wollten und nich konnten, da wollte sie die Lotsen mit Rupp und Stupp ausrotten. »Abers erst müssen sie Prügels kriegen«, bölk Natalje.
Un das, Macker, das geht mich zu weit. Ich bün je auch nich scharf da'auf un steh mir die Beine innen Leib, statt nach Machorka, oder as den russischen Taback unner die spansche Sonne heiß, zu fliegen. Abers, Macker, so nich! Nich mit ausrotten und Prügels. Auch wennas blots Beamte und keine Studenten sünd. Indem daß auf ein grobe Natalje kein groben Kuddl gehört, weil da sonst fliegende Untertassen bei rauskommen, sach ich ganz ruhich: »Wieso?« Mehr nich. Blots »wieso?« un denn ganz ruhich.
»Da frachs du noch«, bölk Natalje, »kuck dich doch das an, du Dussel. All die Frauens un Kinners, die einklich in Urlaup wolln. Einspähn, sach ich, sofoht einspähn!« Nu komms du.
Ich sach ümmer noch ganz ruhich: »Wa'um?« – »Kuck doch selbst, du Piejökel«, bölk Natalje. Ich sach: »Kucken kann ich noch«, sach ich, »denn dein Gegröhle is mich blots aufs Trommelfell und nich auffe Pupille geschlagen. Abers, mein Besse, ich glaub', du wiss aus Kuhschiet Pankoken backen. Un das geht nich.«
Da sacht Natalje: »Wieso?« sacht sie.

Ich sach: »Wo jeden nimp, was er kriegen kann«, sach ich, »wa'um solln da die Fluchlotsens nich kriegen, wassie nehm könn? Was kost Rinnerfileh?« sach ich. »Das is innen Preis gestiegen, weil das Gras so teuer geworden is, wa?« sach ich.
Mein Natalje war ers ganz perplex. Dann stand ihr auf, hielt die rechte Faust hoch und bölkte, daß den Wellensittich vonnie Schaukel fallen tat: »Macht kaputt, was euch kaputt macht!«

Kuck, nu war sie wieder bei die Annaschissen. Ich hatte mein Natalje wieder. Üba das Rinnerfileh wurde aussen Paulus wiedä ein Saulus. Nu komms du.
Nu muss ich blots noch zusehn un krich ihr innie pollitische Ballankse mang Prügels für alle, die nich so wolln as ihr un mang den Annaschissmus, wenn sie anners will as wie die annern. Bei Strauß isses je nich gelungen. Bei die Fluchlotsen auch nich. Bei den Kohl auch nich. Den will auch nix weiter. Blots was werden. Abers bei Natalje, Macker, da müßte einen doch Venumf reinkriegen, nich? Du kenns ihr doch. Ihr kann doch einsehn, wo ihr gemeingefährlich wern tut, wenn sie ohne Kopp durche Wand will. Is doch einen nohmalen Menschen. Noch! Nu komms du.

Vonnen Kätschewahl

Oih, Macker! Bissu auch bedient vonnas Hühn un Pedühn bein Kahnewahl? Lot mi an Land, ick kann an Bord... dat Schunkeln nich aff! Ich un mein Natalje wurden vor den Fähnsehn schon ganz bregenklöterich vonnas Geschaukel. Natalje sacht: »Kuddl«, sacht sie, »wa'um könn wiä Nohddeutsche as sochche nich so vegnücht sein as die? Sünd wiä so blöde, oder tun die Quietschers bloß so?« Ich sach: »Das is ehm die foine nohdeutsche Aht«, sach ich, »bloß nix anmähken lassen. Auch nich, dassu ma so kindsch sein möchches, assu nu ma bis.« – »Woher komp das?« sacht Natalje. Ich sach: »Das is nach die Vorahbeiten zun Minisserpräsidenten-Erlaß«, sach ich, »den den öffentlichen Dienss voä Radekale un davoä schüzzen soll, dasser ein öffentliches Haus wern tut, den größen Beitrach, den die Hamborger herrschende Klasse die nohddeutsche Kulltuä zugefücht hat. Kindsch is man. Abers man zeicht es nich. So was zeigen is nich zeriös. Un über Zeriösität as sochche, da geht ehm nix über.« Natalje sacht: »Die hatten je auch Moneten genuch«, sacht sie, »dassie nach Paris fahn konnten, wenn sie sich ma amüsiän wollten.« Nu komms du.

Ich sach: »Kuck ma«, sach ich, »bei uns issas so. Wiä müssen uns ers ma besaufen, damit wiä die Traute kriegen zun richtichen Verrückspieln. Un wenn wiä meinen, daß wiä so viel getank ham, daß wiä riskiän könn un wern quietschfidehl, denn sünd wiä schon so blau, dassa ne Klopperei aus wird.« Natalje wurde nu spizz. Das kann ihr je nich lassen. »Nu weiß ich auch«, sacht sie, »wassu das ganze Schahr über machen tust. Du saufst nich, nee, du probierst, ob nich auch in deine nohddeutsche Seele den Kahnewahl Einzuch halten tut.« So vemiest dich son Weip die tächliche Schluckimfunk.

Abers ich wollte kein Krach. Wenn unsen Friedenskanssler in Wietnamm auch nix ausrichchen kann, so will ich wenichsens Friede innie eichne Hütte. Denn mit den Kriech gegen die Palässe wird das bei die nohddoitsche Zeriosität auch nix. Ich sach: »Davon nu ma abgeschnitten«, sach ich, »abers was wollten wiä denn woll bei ein nohddoitschen Kahnewahlsumzuch an Figuän un Sümbolik ausstelln? Solln wiä vielleich Liliputaners maschiän lassen, as Sinnbüld vonnie schrumfende Brangschen? Werffen, Landwirtschaff, Leder, Teckstiehl un ein großen Wasserkopp als Zeichen vonnie stännich wackzende Vewaltunk, die uns Beidrögen dahstellen tut?« – »Igitt«, sacht Natalje, »jümmers das eichne Ness beschmuzzen. Für sonne Tüpen as dir könn sie ein Haufen Sand duche Gegend fahn mit ein Schild, wo aufsteht: Das hat Kuddl statt Grüzze in Kopp.« Nu komms du.

Ich sach: »Oder den Stoltenberch as Schmied«, sach ich, »den Sprüche schmieden tut un Rum nach Flensborch fährt un as Bauän Kartoffeln ääntet, die so groß sünd as Fußbälle. Oder ein Bild vonnen Hamborger Bürgermeisser, das völlig fahblos is. Oder Nohdfriesen, die singen tun. Oder Fraun as du, die vonnen Kreihnbarch in Kiel komm un trozzdem scharmant sünd.« Natalje sacht: »Noch ein sonn Woht«, sacht sie, »un ich hau dir ein vorn Ballon, daß dir die Socken plazzen.«

Kuck, Macker, da wa es soweit. Statt bei sonn richtigen blöden Kahnewahl wahn wiä kuzz vor die Klopperei. Un nichma blau wahn wiä. Sühs woll Schütt, da'um wird nix aus nohddoitschen Kahnewahl. Das wird ne Massenveanstaltunk von Kätschers. Weischa, kätsch as kätsch känn. Wir feiän ehm Kätschewahl. Nu komms du!